Make hay while the sun shines.
(해가 비치는 동안 건초를 말려라.)

※ 누구에게나 좋은 기회가 올 수 있으며, 그 기회를 놓치지 말고 잘 활용해야 한다는 격언입니다.

한동오 지음

1 입문편

에듀인사이트

영어 문장이 저절로 써지는 어순 감각 트레이닝북!

영어 문장 바탕 다지기·1

초판 1쇄 발행 2016.7.22 | 지은이 한동오 | 펴낸이 한기성 | 펴낸곳 에듀인사이트(인사이트)
기획 ·편집 신승준 | 본문 디자인 씨디자인 | 표지 디자인 오필민 | 전산편집 지누커뮤니케이션
인쇄 · 제본 서정바인텍 | 베타테스터 김시연, 임민재, 이한서, 정민서, 최예담
등록번호 제10-2313호 | 등록일자 2002년 2월 19일 | 주소 서울시 마포구 잔다리로 119(서교동) 석우빌딩 3층
전화 02-322-5143 | 팩스 02-3143-5579 | 홈페이지 http://edu.insightbook.co.kr
페이스북 http://www.facebook.com/eduinsightbook | 이메일 edu@insightbook.co.kr
ISBN 978-89-6626-709-5 64740
SET 978-89-6626-708-8

MP3 파일은 다음에서 다운로드 할 수 있습니다.
- 바다공부방 카페 자료실 : http://cafe.naver.com/eduinsight
- 홈페이지 자료실 : http://edu.insightbook.co.kr

책값은 뒤표지에 있습니다. 잘못 만들어진 책은 바꾸어 드립니다.
정오표는 http://edu.insightbook.co.kr/library에서 확인하실 수 있습니다.

어순을 익히면 영어 문장이 쉬워져요!

1. 우리는 왜 이렇게 영어를 힘들게 배우고 있을까요?

흔히 우리는 영어를 배우기가 매우 힘들다고 말합니다. 초등학교 3학년 때부터 대학교를 졸업할 때까지 어림잡아도 무려 12년간을 공부하는데, 실제로 그렇게 공부하고서도 영어를 유창하게 잘하는 분들은 손에 꼽을 정도입니다. 그렇다면 그 수많은 세월을 배우고도 왜 우리는 이토록 영어를 잘하지 못하는 걸까요? 많은 이유가 있겠지만 그 중 가장 큰 이유는 바로 '어순의 차이' 때문입니다. '어순'이란 말 그대로 '말의 순서'를 일컫습니다. 근본적으로 국어와 영어는 말의 순서 자체가 다릅니다. 순서가 다르기 때문에 머릿속에서 말을 조합하는 과정도 다를 수밖에 없고, 자꾸 우리말에 맞춰서 영어를 꿰어 맞추다 보니 선뜻 영어가 자연스럽게 흘러나오지 못하게 되는 거죠.

2. 어순 원리의 중요성

하지만 모든 공부가 그렇듯, 영어도 그 원리를 알고 접근한다면 무턱대고 읽고, 쓰고, 외우는 것보다 큰 효과를 얻을 수 있습니다. 특히나 우리는 영어를 사용하는 데 환경적 제약이 있기 때문에 영어의 원리에 대한 이해와 훈련이 매우 중요합니다. 그 학습 원리에 대한 핵심은 바로 '어순 훈련'입니다. 영어 문장이 만들어지는 순서를 깨닫고, 그 순서대로 말하는 훈련을 해 나간다면 훨씬 더 영어를 쉽고 빠르게 배울 수 있습니다.

3. 어순 감각 훈련의 바이블 〈영어 문장 바탕 다지기〉 시리즈

〈영어 문장 바탕 다지기〉(전 3권) 시리즈는 각종 이미지를 활용하여 영어의 어순을 순차적으로 연습하도록 설계하였습니다. 아이의 뇌가 아직 유연할 때 훈련된 영어의 어순 감각은 평생 영어의 기틀이 될 것입니다. 본 교재를 재미있게 활용하여 영어식 사고와 높은 수준의 영어 실력을 갖추는 발판을 마련하시길 바랍니다.

2016년 6월 저자 한동오

영어 문장을 생각하는 핵심, 어순 감각

"영어는 취학 전부터 해야 한다."
"영어 비디오도 많이 보고, 리딩 책도 많이 읽다 보면 저절로 영어 실력이 는다."
"유학을 갔다 오면 귀가 트이고, 입이 열린다."

어느 정도 영어에 관심을 두고 있는 학부모라면 주위에서 위와 같은 조언들을 한두 번쯤은 들어 보셨을 겁니다. 전부 일리가 있고 맞는 이야기입니다. 하지만 영어를 위해 취학 전부터 영어 비디오를 많이 보여 주고, 책도 많이 읽어 주며, 유학까지 보내는 일은 결코 만만한 일이 아닙니다. 위의 말에 다들 공감은 하시겠지만 막상 해보려고 하면 선뜻 엄두가 나지 않으실 것입니다. 영어를 제2 언어나 공용어로 활용하는 ESL(English as a Second Language) 환경의 나라에서나 적용할 만한 일이겠지요. 하지만 대한민국은 집 밖으로 한 발짝만 나가도 영어를 배우는 데 제약이 많은 전형적인 EFL(English as a Foreign Language) 환경의 나라입니다. 많이 읽고, 쓰고, 듣고, 말하는 환경을 구현하기가 현실적으로 매우 어렵다는 말이지요.

〈영어 문장 바탕 다지기〉 시리즈는 이러한 학부모님들의 고민을 해결해 주고자 만들어진 교재입니다. 특히 영어를 익히고 배우는 데 있어서 중요한 '어순 감각'을 익히는 훈련 교재입니다. 흔히 일본어는 배우기 쉬운데, 영어는 좀처럼 배우기가 쉽지 않다는 말을 듣습니다. 그 가장 큰 이유는 무엇일까요? 바로 '어순'의 차이 때문입니다. 다시 말해 일본어와 한국어는 어순이 같아서 문장을 만들거나 회화를 하는 것이 비교적 쉬운데 반해 영어는 우리와 어순이 달라서 처음부터 단어 연결이 어렵고 어색하다는 것입니다.

영어는 크게 두 가지 면에서 우리말과 다릅니다.
첫째, 영어는 단어의 순서가 매우 중요합니다. 간단히 예를 들면 이렇습니다.
① 우리말 : 톰이 제인을 좋아한다. (톰과 제인의 순서를 바꿔도 뜻이 바뀌지 않음)
② 영어 : Tom likes Jane. (Tom과 Jane의 순서를 바꾸면 뜻이 바뀜)
영어는 순서에 따라 의미가 변할 수 있는 언어입니다.

둘째, 영어는 순차적으로 생각하는 언어입니다. 순차적 사고라는 것은 가까운 것에서 먼 것까지 혹은 시간 순으로 차근차근 하나씩 설명해 나가는 방식을 말합니다. 예를 들어 '내가 학교에 간다.'라는 말은 영어로 'I go to the school.'이 됩니다. 주인공인 내가 가고 결국 학교에 도착한다는 것입니다.

● 영어의 어순

문장의 주인공	→	행동	→	최종 목적지
I		go		to the school.

문장의 주인공인 '나'와 최종 목적지인 '학교'가 서로 떨어져 있습니다.

반면에 우리말은 어떻습니까? 주인공인 '나'가 나오는 것은 동일하지만 목적지인 '학교'라는 말이 바로 나옵니다. 그러고나서 '간다'라는 표현이 마지막으로 뒤따릅니다. 우리말은 시간적 혹은 공간적 순서에 의한 언어가 아니며, 목적 중심의 언어라는 것을 알 수 있습니다.

● 우리말의 어순

문장의 주인공	→	최종 목적지	→	행동
나는		학교에		갑니다.

'나'의 위치는 영어와 같지만 우리말에서는 '최종 목적지'가 먼저 나옵니다.

그렇다면 이러한 구조적인 문제는 어떻게 해결해야 할까요? 우리 자녀들이 이 문제를 극복할 수 있는 방법은 없을까요? 그 방법은 지금이라도 당장 순차적인 표현을 익히도록 훈련하는 것입니다. 영어의 원리를 자연스럽게 습득하도록 훈련하십시오. 그렇게 훈련된 아이들은 영어 작문이 달라집니다. 영어 말하기도 정확하게 바뀝니다. 많은 사람들이 생각하는 단어, 문법, 독해도 물론 필요한 부분이지만 사실은 그들이 간과하고 있는 것이 있습니다. 영어의 어순 감각이 가장 기본이 된다는 것입니다.

영어의 문장이 이루어지는 순서를 깨닫고, 그 순서대로 말을 할 수 있는 훈련을 해나간다면 훨씬 더 영어를 쉽고 빠르게 배워 나갈 수 있을 것입니다. 그리고 그 어순을 이해해야만 그 뒤의 듣기, 읽기, 말하기, 쓰기 학습이 비로소 진정한 의미를 갖게 됩니다.

이 책은 이렇게 공부하세요!

1단계 문장의 재료가 되는 단어를 먼저 알아봐요!

UNIT에 대한 학습을 하기에 앞서, 각 Chapter별로 미리 숙지해야할 단어들을 따로 정리해 놓았습니다. 별도로 마련된 음성 파일을 들으며 학습에 필요한 단어들을 먼저 숙지합니다.

음성 파일(MP3)을 다운로드 하는 곳.
• 홈페이지 자료실 : http://edu.insightbook.co.kr
• 바다공부방 카페 자료실 : http://cafe.naver.com/eduinsight

2단계 그림 이미지를 보면서 영어 문장이 만들어지는 과정을 익혀요!

그림을 먼저 보면서 문장의 요소들이 어떤 순서로 어떻게 배열되는지 생각해 봅니다. 왼쪽 문장의 주인공으로부터 시작해서 가까운 것에서 먼 곳까지 눈으로 따라가며 어순을 익힙니다.

3단계 기본적인 규칙도 알면 좋아요!

영어 문장에는 문장을 이루는 여러 규칙이 있는데 그것을 '문법'이라고 합니다. 이 규칙들은 문장을 만들기 위해서 꼭 필요한 요소들이므로 반드시 익혀 놓아야만 합니다.

4단계 영어 문장을 큰 소리로 따라서 읽어 보세요!

먼저 음성 파일을 들어본 후 그와 비슷하게 발음하려고 노력하면서 큰 소리로 읽어

봅니다. 여러 번 입에 붙을 때까지 읽어나가다 보면 영어 문장에 대한 감각이 생기

게 됩니다.

5단계 영어 문장 쓰기 훈련을 해보세요!

각 UNIT별로 반복되는 부분이 많아서 이 훈련만 제대로 따라해도 문장이 만들어지

는 기본 원리를 확실하게 이해할 수 있습니다. 혹시 이해되지 않은 문장은 비워두

시고, 일단 끝까지 채워본 다음 이전 페이지를 참고하면서 다시 한 번 써 봅니다.

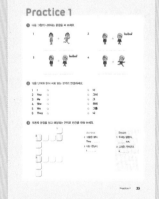

6단계 총 복습으로 마무리!

4개의 UNIT이 끝날 때마다 항상 복습할 수 있는 코너입니다. 모르는 문제가 나와

도 당황하지 말고 일단 끝까지 푼 다음, 틀린 문제는 정답을 보면서 다시 한번 복습

해 봅니다.

Contents

Chapter 1   1형식 어순 익히기 (1)

Chapter 2   1형식 어순 익히기 (2)

Chapter 3   2형식 어순 익히기

Chapter 4   3형식 어순 익히기

Chapter 5   부정문 · 의문문 익히기

본문 학습 전에 꼭 익혀 두세요!

1 단어의 성격에 따른 명칭

학습을 시작하기에 앞서, 몇 가지 용어를 배워볼 거예요. 일단 그 용어들의 뜻이 무엇인지 잘 파악해보구요, 우리들만의 약속으로 그 뜻을 나타낼 때마다 간단하게 이 용어들로 표시하여 이해하도록 해요.

---

❶ **명사**　어떤 사람이나 사물을 부르는 이름을 나타내는 말이에요. 그리고 크게 숫자로 셀 수 있는 것과 셀 수 없는 것으로 나눠져요.

> **ex**　• **셀 수 있는 명사**　friend (친구), book (책), desk (책상) 등
>
> 　　→ three friends,　four books, two desks 등으로 쓸 수 있어요.
>
> 　　• **셀 수 없는 명사**　water (물), salt (소금), gold (금) 등
>
> 　　→ 셀 수 없는 명사 뒤에 s를 붙여서는 안돼요.

❷ **대명사**　사람이나 사물의 이름을 대신해서 쓰는 말이에요. 즉 남자 이름인 Tom은 He(그), 여자 이름인 Jane은 She(그녀) 등으로 간단히 줄여 쓸 수 있어요.

> **ex**　I (나)　You (너)　He (그)　She (그녀)　It (그것)　We (우리)　They (그들)

❸ **동사**　사람이나 사물의 움직임(동작)이나 상태를 나타낼 때 쓰는 말이에요.

> **ex**　• **동작 동사**　go (가다), study (공부하다) 등
>
> 　　• **상태 동사**　like (좋아하다), live (살다), know (알다) 등

❹ **형용사**　사람이나 사물의 성질이나 상태가 어떠한지 꾸며주는 말이에요. 주로 '어떠한'에 해당하는 말들이에요. 우리말로는 끝에 ㄴ(니은)이 들어가지요.

> **ex**　pretty (예쁜)　wise (영리한)　rich (부유한)　big (큰) 등

❺ **부사**　동사나 형용사 등을 꾸며주는 말이에요. 주로 '어떻게', '언제', '어디서' 등에 해당하는 말들이에요.

> **ex**　fast (빠르게)　slowly (느리게)　yesterday (어제)　here (여기)

❻ **전치사**　명사나 대명사 앞에 와서 장소나 시간, 목적이나 이유 등의 의미를 더해줄 때 쓰는 말이에요.

> **ex**　to (~으로)　on (~ 위에)　with (~와 함께)　for (~을 위해)　in (~ 안에)

② 문장에서의 주요 역할

앞에서 배운 각 단어들은 문장 속에서 일정한 역할을 맡게 돼요.
이번에는 그 단어들을 나열하면서 생기는 역할에 대해 알아 보도록 해요.

---

❶ 주어
(S)

어떤 동작이나 상태의 주인공을 나타내는 말이며 영어 문장에서는 항상 빠지지 않고
나와야 해요. 우리말의 '~은, ~는, ~이, ~가'에 해당하는 말이에요.

> **ex** I am a student. (나는 학생이다.) | He is happy. (그는 행복하다.)

❷ 동사
(V)

사람이나 동물이 행동하는 어떤 동작이나 상태를 나타내는 말이에요. 주어와 마찬가
지로 동사도 어떤 문장이든지 반드시 나와야 해요.

> **ex** • **동작 동사** I go to the school. (나는 학교에 간다.)
> • **상태 동사** I know the name. (나는 그 이름을 안다.)

❸ 목적어
(O)

동사의 대상을 나타내는 말이에요. 예를 들어 '만들다'라는 동사가 있을 때, 만들어지
는 '대상'을 바로 '목적어'라고 불러요. 우리말의 '~을, ~를'에 해당하는 말이에요.

> **ex** I like you. (나는 너를 좋아한다.) | She makes a toy. (그녀는 장난감을 만든다.)

❹ 보어
(C)

주어가 어떤 상태인지를 보충해줄 때 쓰는 말이에요. 크게 주어와 같은 의미를 지니는
명사와 주어의 상태를 설명해주는 형용사로 나눌 수 있어요.

> **ex** I am a student. (나는 학생이다.) | He is happy. (그는 행복하다.)

❺ 간접목적어
(I · O)

주어가 누구에게 무엇을 어떻게 했다고 나타낼 때 '누구에게'를 가리키는 말이에요. 우
리말로는 '~에게'에 해당하는 말이에요.

> **ex** I gave him a book. (나는 그에게 책을 주었다.)
> They told me the story. (그들은 내게 그 이야기를 해주었다.)

❻ 직접목적어
(D · O)

주어가 누구에게 무엇을 어떻게 했다고 나타낼 때 '무엇을'을 가리키는 말이에요. 우리
말로는 '~을, ~를'에 해당하는 말이에요.

> **ex** I gave him a book. (나는 그에게 책을 주었다.)
> They told me the story. (그들은 내게 그 이야기를 해주었다.)

본문 학습 전에 꼭 익혀 두세요!

③ 문장의 5형식

이제는 문장의 5형식을 알아보도록 해요. 문장의 5형식이란 앞에서 배운 여러 요소들이 나열되는 규칙을 다섯가지 형식으로 나타낸 거예요. 영어의 문장이 아무리 길고 복잡해도 결국 이 다섯가지 형식을 벗어나지 않아요. 이처럼 문장을 구성하는 요소들이 아무렇게나 배열되는 것은 아니고 위의 다섯가지 형식 안에서 배열이 돼요.

---

❶ 1형식 주어와 동사만으로도 가장 기본적인 뜻이
성립될 수 있는 문장을 말해요.

I go. 나는 간다.
주어 동사

I go.(나는 간다.)
이 말로도 뜻이
충분히 통하는데.

> **ex** go, live, move, come, run, walk 등

❷ 2형식 주어와 동사만으로는 뜻이 완성되지 않아서 동사 뒤에
보충해주는 말이 있어야 하는 문장을 말해요.

I am happy. 나는 행복하다.
주어 동사 보어

I am.(나는 ~이다.)
만으로는 뜻이 안 통하니까
뒤에 happy(행복한)를
넣어 주었구나.

> **ex** am, are, is, look, smell, sound, taste, feel 등

❸ **3형식** 동사의 행위에 대한 대상이 꼭 나와야 하는 문장을 말해요.

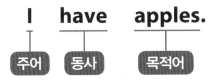

I = 주어
have = 동사
apples. = 목적어

ex have, eat, like, study, watch, see 등

have(가지고 있다)
라는 말 뒤엔
무엇을 가지고 있는지
반드시 나와야겠구나.

❹ **4형식** 동사의 성격상 그 뒤에 '~에게'와 '~을, ~를'에 해당하는 말이
반드시 나와야 하는 문장을 말해요.

I = 주어
give = 동사
him = 간접목적어
a book. = 직접목적어

ex give, show, lend, promise, buy, order 등

give(주다)라는 말은
누구에게 무엇을 주었는지가
반드시 필수 요소로
나와야겠구나.

❺ **5형식** 목적어가 그 목적어를 보충해주는 목적보어까지 꼭 나와야
하는 문장을 말해요.

I = 주어
think = 동사
him = 목적어
an actor. = 목적보어

ex want, make, hear, think, call, help 등

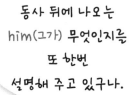

동사 뒤에 나오는
him(그가) 무엇인지를
또 한번
설명해 주고 있구나.

학습계획표

자, 이제 본격적으로 학습을 시작해 보도록 해요. 항상 어떤 일이든지 계획을 세워놓고, 차근차근 규칙적으로 해나가는 자세가 중요하겠지요? 아래의 계획표대로 꾸준히 실천하면서 즐겁게 공부해 보세요.

Week 1	1일 차	2일 차	3일 차	4일 차	5일 차	6일 차
학습 내용	Chapter 1 UNIT 1	Chapter 1 UNIT 2	Chapter 1 UNIT 3	Chapter 1 UNIT 4	Practice 1	총 복습
학습 체크						
학습한 날짜	/	/	/	/	/	/

Week 2	7일	8일 차	9일 차	10일 차	11일 차	12일 차
학습 내용	Chapter 2 UNIT 5	Chapter 2 UNIT 6	Chapter 2 UNIT 7	Chapter 2 UNIT 8	Practice 2	총 복습
학습 체크						
학습한 날짜	/	/	/	/	/	/

Week 3	13일 차	14일 차	15일 차	16일 차	17일 차	18일 차
학습 내용	Chapter 3 UNIT 9	Chapter 3 UNIT 10	Chapter 3 UNIT 11	Chapter 3 UNIT 12	Practice 3	총 복습
학습 체크						
학습한 날짜	/	/	/	/	/	/

Week 4	19일 차	20일 차	21일 차	22일 차	23일 차	24일 차
학습 내용	Chapter 4 UNIT 13	Chapter 4 UNIT 14	Chapter 4 UNIT 15	Chapter 4 UNIT 16	Practice 4	총 복습
학습 체크						
학습한 날짜	/	/	/	/	/	/

Week 5	25일 차	26일 차	27일 차	28일 차	29일 차	30일 차
학습 내용	Chapter 5 UNIT 17	Chapter 5 UNIT 18	Chapter 5 UNIT 19	Chapter 5 UNIT 20	Practice 5	총 복습
학습 체크						
학습한 날짜	/	/	/	/	/	/

Chapter 1

1형식 어순 익히기1

주어

동사

단어를 들으며 5번씩 따라 읽어 보세요!

🎧1-01
UNIT
01

🎧1-03
UNIT
02

🎧1-05
UNIT
03

🎧1-07
UNIT
04

UNIT 01	UNIT 02	UNIT 03	UNIT 04
I 나는	**He** 그	**walked** 걸었다	**jump** 뛴다
You 너는	**She** 그녀는	**jumped** 뛰었다	**will walk** 걸을 것이다
We 우리가	**It** 그것은	**crawled** 기었다	**will jump** 뛸 것이다
They 그들이	**runs** 달린다	**ran** 달렸다	**will crawl** 기어갈 것이다
run 달린다	**walks** 걷는다	**went** 갔다	**can run** 걸을 수 있다
walk 걷는다	**crawls** 기어간다	**came** 왔다	**must go** 가야만 한다
crawl 기어간다			

UNIT 01

I run.

나는 달린다.

STEP 1   그림으로 이해하기

 →

주어 (주인공)	동사 (현재 동작)
I	run
나는	달린다

 〈주인공 + 현재 동작〉의 문장 표현 I

영어 문장에는 항상 그 문장의 주인공이 등장해요. 그런데 그 주인공은 대부분 문장의 맨 앞에 나와요. 위에서는 '나'라는 뜻의 I가 문장의 주인공 역할을 하고 있어요. 그리고 이 문장의 주인공을 흔히 '주어'라고 불러요. 그런데 이 주인공이 어디론가 달려가고 있네요. 이와 같이 어디론가 달려가는 행동을 우리는 흔히 '동작'이라고 해요. 영어에서는 일반적으로 문장의 주인공 다음에 주인공이 행동하는 동작이 나와야 해요. 그리고 이러한 '동작'을 '동사'라고 불러요.

Quiz 1

아래의 우리말을 영어로 써 보세요.

* 나는 달린다.

→ ------------------------------ .

❶ 주어 (문장의 주인공) l

영어 문장 속에는 항상 그 문장의 주인공이 나와야 해요. 예를 들어 학교에 가거나 식사를 할 때, 학교에 가는 주인공, 식사를 하는 주인공이 있어요. 흔히 우리말로는 '은', '는', '이', '가'로 끝나는 말이 그 주인공에 해당돼요. 그리고 이 문장의 주인공을 '주어'라고 불러요.

I 나는	You 너는/너희들은	We 우리가	They 그들이
I			

❷ 동사 (동작)

영어 문장 속에는 주인공 다음에 주인공이 하는 어떤 동작이 나와야 해요. 예를 들어 달리는 동작, 걷는 동작 등이 있어요. 그리고 이런 동작을 나타내는 말을 '동사'라고 불러요.

run 달린다	walk 걷는다	crawl 기어간다

Quiz 2

다음 각 문장에서 주어는 ○, 동사는 △로 표시하세요.

1 I run.
2 You walk.
3 We run.
4 They walk.

🎧 1-02 음성을 들으며 차례대로 2번씩 따라 말해 보세요.

1 ❶ I   나는
   ❷ I run.   나는 달린다.

2 ❶ You   너는
   ❷ You walk.   너는 걷는다.

3 ❶ We   우리는
   ❷ We crawl.   우리는 기어간다.

4 ❶ They   그들은
   ❷ They run.   그들은 달린다.

5 ❶ I   나는
   ❷ I walk.   나는 걷는다.

6 ❶ You   너는
   ❷ You crawl.   너는 기어간다.

7 ❶ We   우리는
   ❷ We run.   우리는 달린다.

8 ❶ They   그들은
   ❷ They walk.   그들은 걷는다.

9 ❶ I   나는
   ❷ I crawl.   나는 기어간다.

10 ❶ You   너는
    ❷ You run.   너는 달린다.

11 ❶ We   우리는
    ❷ We walk.   우리는 걷는다.

12 ❶ They   그들은
    ❷ They crawl.   그들은 기어간다.

영어 문장을 쓸 때
첫 글자는 항상
대문자를 써야 해요.

STEP 4 문장의 어순 훈련하기

영어의 어순에 맞게 다음 빈칸을 채워 보세요.

	주어 (주인공)	동사 (현재 동작)		주어 (주인공)	동사 (현재 동작)
1	나는		**7**	우리는	
	나는	달린다		우리는	달린다
2	너는		**8**	그들은	
	너는	걷는다		그들은	걷는다
3	우리는		**9**	나는	
	우리는	기어간다		나는	기어간다
4	그들은		**10**	너는	
	그들은	달린다		너는	달린다
5	나는		**11**	우리는	
	나는	걷는다		우리는	걷는다
6	너는		**12**	그들은	
	너는	기어간다		그들은	기어간다

위에서 '나'와 '우리'는
1인칭, '너'는 2인칭,
'그들'은 '3인칭'이라고
불러요.

▶ 정답은 19페이지 참조

UNIT 02

He runs.

그는 달린다.

STEP 1   그림으로 이해하기

 →

주어 (주인공)	동사 (현재 동작)
He	runs
그는	달린다

〈주인공 + 현재 동작〉의 문장 표현 2

UNIT 01에서 배운 '나', '너', '우리', 혹은 '그들' 외에 '그', '그녀', 혹은 '그것'도 문장의 주인공 역할을 할 수 있어요. 그리고 역시 이 주인공들 다음에 동작을 나타내는 말이 나와야 해요. 그런데 이 주인공들이 영어로 쓰일 경우에는 동작을 나타내는 말 뒤에 반드시 –s를 붙여 주어야 해요. 그래서 '그가 달린다.'라고 할 때는 He runs.라고 써야 해요.

Quiz 1

아래의 우리말을 영어로 써 보세요.

＊ 그는 달린다.

→ ------------------------------ .

❶ 주어 (문장의 주인공) 2

앞에서 배운 '나', '너', '우리', 그리고 '그들' 외에, '그'나 '그녀' 혹은 '그것'도 역시 문장의 주인공이 될 수 있어요.

He 그는	She 그녀는	It 그것은
He		

❷ 단수와 복수

영어에서 '단수'라는 말은 '하나'를 뜻해요. 예를 들어 책이 한 권 있거나 선생님이 한 분일 때는 '단수'라는 표현을 써요. 이와 반대로 두 개나 두 명 이상일 때는 '복수'라는 표현을 써요.

＊ 단수 (한 명을 가리킴)

I 나는	You 너는	He 그는	She 그녀는	It 그것은

＊ 복수 (여러 명을 가리킴)

We 우리는	You 너희들은	They 그들은

❸ 동작 뒤에 -s를 붙이는 경우

위의 '단수'들 중에서, '그'나 '그녀' 혹은 '그것' 등이 주인공으로 나올 때는 동작 끝에 '-s'를 붙여야 해요.

runs 달린다	walks 걷는다	crawls 기어간다

Quiz 2

우리말을 참고하여 빈칸에 알맞은 말을 영어로 쓰세요.

1 He _____ . 그는 달린다.

2 She _____ . 그녀는 걷는다.

3 It _____ . 그것은 기어간다.

STEP 3 문장의 어순 익히기

🎧 1-04 음성을 들으며 차례대로 2번씩 따라 말해 보세요.

1 ❶ He   그는
   ❷ He runs.   그는 달린다.

2 ❶ She   그녀는
   ❷ She walks.   그녀는 걷는다.

3 ❶ It   그것은
   ❷ It crawls.   그것은 기어간다.

4 ❶ He   그는
   ❷ He crawls.   그는 기어간다.

5 ❶ She   그녀는
   ❷ She runs.   그녀는 달린다.

6 ❶ It   그것은
   ❷ It walks.   그것은 걷는다.

7 ❶ He   그는
   ❷ He walks.   그는 걷는다.

8 ❶ She   그녀는
   ❷ She crawls.   그녀는 기어간다.

9 ❶ It   그것은
   ❷ It runs.   그것은 달린다.

영어의 어순에 맞게 다음 빈칸을 채워 보세요.

	주어 (주인공)	동사 (현재 동작)
1	그는	
	그는	달린다
2	그녀는	
	그녀는	걷는다
3	그것은	
	그것은	기어간다
4	그는	
	그는	기어간다
5	그녀는	
	그녀는	달린다

	주어 (주인공)	동사 (현재 동작)
6	그것은	
	그것은	걷는다
7	그는	
	그는	걷는다
8	그녀는	
	그녀는	기어간다
9	그것은	
	그것은	달린다

여기서
'그', '그녀', '그것' 등을
3인칭이라고
불러요.

▶ 정답은 23페이지 참조

I walked.

나는 걸었다.

STEP 1 **그림으로 이해하기**

과거 현재 미래

주어 (주인공)	동사 (과거 동작)
I	walked
나는	걸었다

〈주인공 + 과거 동작〉의 문장 표현

문장의 주인공이 현재 어떤 동작을 하는 경우도 있겠지만 과거에 이미 했던 경우도 있어요. 이렇게 이미 지나간 동작을 나타낼 때는 대개 동작을 나타내는 말 뒤에 **-ed**를 써서 나타내요. 위의 문장에서처럼 문장의 주인공인 I(나)가 과거에 어디론가 걸어갔던 사실을 나타낼 때는 I walked. (나는 걸었다.)로 나타내요.

Quiz 1

아래의 우리말을 영어로 써 보세요.

* 나는 걸었다.

→ ------------------------------- .

① 동사의 과거형 만들기 1

'과거'란 이미 지나간 일을 뜻해요. 이렇게 이미 지나간 '과거'의 사실을 만들 때는 동작 뒤에 '-ed'를 붙여요.

walked　걸었다	**jumped**　뛰었다	**crawled**　기어갔다
walked		

👆 **한 가지만 더!**

자음 + y로 끝나는 단어의 경우는 y를 i로 고치고 '-ed'를 붙여야 해요. 영어에서 자음이란 'a, e, i, o, u'를 제외한 나머지 발음을 뜻해요.

ex) fly(날다) → flied / study(공부하다) → studied

② 동사의 과거형 만들기 2

과거형을 만들 때 동작에 '-ed'를 붙이는 경우도 있지만, 전혀 다른 형태로 바뀌는 경우도 있어요.

ran　달렸다	**went**　갔다	**came**　왔다

👆 **한 가지만 더!**

went(갔다)의 현재형은 go(가다), came(왔다)의 현재형은 come(오다)이라고 써요.

☑ **Quiz 2**

다음 단어의 과거형을 써 보세요.

1 walk _____　2 jump _____　3 crawl _____

4 run _____　5 go _____　6 come _____

STEP 3 문장의 어순 익히기

🎧 1-06 음성을 들으며 차례대로 2번씩 따라 말해 보세요.

1 ❶ I   나는
  ❷ I walked.   나는 걸었다.

2 ❶ You   너는
  ❷ You jumped.   너는 뛰었다.

3 ❶ We   우리는
  ❷ We crawled.   우리는 기어갔다.

4 ❶ They   그들은
  ❷ They came.   그들은 왔다.

5 ❶ He   그는
  ❷ He ran.   그는 달렸다.

6 ❶ She   그녀는
  ❷ She went.   그녀는 갔다.

7 ❶ I   나는
  ❷ I ran.   나는 달렸다.

8 ❶ You   너는
  ❷ You went.   너는 갔다.

9 ❶ We   우리는
  ❷ We came.   우리는 왔다.

10 ❶ They   그들은
   ❷ They walked.   그들은 걸었다.

11 ❶ He   그는
   ❷ He jumped.   그는 뛰었다.

12 ❶ She   그녀는
   ❷ She crawled.   그녀는 기어갔다.

'동사'의 과거형은
주어가 1인칭이든,
2인칭이든, 3인칭이든
그 형태가 항상 같아요.

영어의 어순에 맞게 다음 빈칸을 채워 보세요.

	주어 (주인공)	동사 (과거 동작)		주어 (주인공)	동사 (과거 동작)
1	나는		7	나는	
	나는	걸었다		나는	달렸다
2	너는		8	너는	
	너는	뛰었다		너는	갔다
3	우리는		9	우리는	
	우리는	기어갔다		우리는	왔다
4	그들은		10	그들은	
	그들은	왔다		그들은	걸었다
5	그는		11	그는	
	그는	달렸다		그는	뛰었다
6	그녀는		12	그녀는	
	그녀는	갔다		그녀는	기어갔다

여기서 동사의 과거형은
주어가 단수건, 복수건
모두 한 가지
형태로만 써요.

▶ 정답은 27페이지 참조

I will walk.

나는 걸을 것이다.

STEP 1   그림으로 이해하기

과거   현재   미래

주어 (주인공)	동사 (미래 동작)
I	will walk
나는	걸을 것이다

 〈주인공 + 미래 동작〉의 문장 표현

문장의 주인공이 현재 어떤 동작을 하는 경우도 있겠지만 앞으로 하려는 경우도 있겠지요. 이렇게 앞으로 이루어질 동작을 나타낼 때는 대개 동작을 나타내는 말 앞에 **will**을 붙여서 나타내요. 위의 문장에서처럼 문장의 주인공인 I(나)가 앞으로 미래에 어디론가 걸어가려고 하는 사실을 나타낼 때는 I will walk.(나는 걸어갈 것이다.)로 나타내요.

Quiz 1

아래의 우리말을 영어로 써 보세요.

* 나는 걸어갈 것이다.

→ ----------------------------- .

❶ 동사의 미래형 만들기

'미래'란 앞으로 일어날 일을 뜻해요. 이렇게 앞으로 일어날 '미래'의 사실을 만들 때는 동사 앞에 will을 붙여서 나타내요. 그리고 will 다음의 동사의 형태는 항상 그 동사의 '원래 형태(원형)'만 써야 해요.

ex) will walk (○) / will walks (×)

✳ 현재

walk 걷는다	jump 뛴다	crawl 기어간다
walk		

✳ 미래

will walk 걸을 것이다	will jump 뛸 것이다	will crawl 기어갈 것이다

❷ 조동사 (동사를 도와주는 말) 만들기

will 외에도 동사를 보충해 주는 말이 있어요. 즉 '~할 수 있다'는 뜻의 can, '~해야 한다'는 뜻의 must 등이 그들이에요. 이들 다음에 나오는 동사도 항상 그 동사의 원래 형태만 써야해요. 그리고 이렇게 동사를 도와주는 말을 '조동사'라고 해요.

can run 걸을 수 있다	must go 가야만 한다

Quiz 2

다음 중 맞는 표현에 ○, 틀린 표현에 × 하세요.

1 will walks (   )   2 can run (   )

3 must crawls (   )   4 jump (   )

1-08 음성을 들으며 차례대로 2번씩 따라 말해 보세요.

1 ❶ I   나는
   ❷ I will walk.   나는 걸을 것이다.

2 ❶ You   너는
   ❷ You will jump.   너는 뛸 것이다.

3 ❶ We   우리는
   ❷ We will crawl.   우리는 기어갈 것이다.

4 ❶ They   그들은
   ❷ They can run.   그들은 달릴 수 있다.

5 ❶ He   그는
   ❷ He must go.   그는 가야만 한다.

6 ❶ I   나는
   ❷ I can run.   나는 달릴 수 있다.

7 ❶ You   너는
   ❷ You must go.   너는 가야만 한다.

8 ❶ We   우리는
   ❷ We will walk.   우리는 걸을 것이다.

9 ❶ They   그들은
   ❷ They will jump.   그들은 뛸 것이다.

10 ❶ She   그녀는
   ❷ She will crawl.   그녀는 기어갈 것이다.

영어의 어순에 맞게 다음 빈칸을 채워 보세요.

	주어 (주인공)	동사 (미래 동작)			주어 (주인공)	동사 (미래 동작)
1	나는		6		나는	
	나는	걸을 것이다			나는	달릴 수 있다
2	너는		7		너는	
	너는	뛸 것이다			너는	가야만 한다
3	우리는		8		우리는	
	우리는	기어갈 것이다			우리는	걸을 것이다
4	그들은		9		그들은	
	그들은	달릴 수 있다			그들은	뛸 것이다
5	그는		10		그녀는	
	그는	가야만 한다			그녀는	기어갈 것이다

will, can, must와 같이
동사를 보충해주는 말을 '조동사'
라고 불러요. 그리고 조동사
뒤에는 항상 동사의 원래
형태만이 와요.

▶ 정답은 31페이지 참조

Practice 1

1 다음 그림이 나타내는 문장을 써 보세요.

1

------------- -------------

2

------------- -------------

3

------------- -------------

4

------------- -------------

2 다음 단어와 뜻이 서로 맞는 것끼리 연결하세요.

1 I ○   ○ 너
2 You ○   ○ 그녀
3 He ○   ○ 그
4 She ○   ○ 우리
5 We ○   ○ 그들
6 They ○   ○ 나

3 오른쪽 문장을 읽고 해당되는 단어로 빈칸을 채워 보세요.

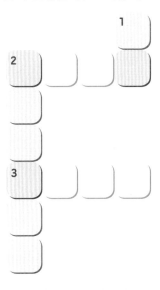

Across

2 그들은 왔다.
　They _____.

3 나는 걷는다.
　I _____.

Down

1 우리는 달린다.
　_____ run.

2 그것은 기어간다.
　It _____.

④ 다음 카드들의 번호를 어순에 맞게 써 보세요.

1
① They ② run ③ can

( ) → ( ) → ( )

2
① must ② He ③ go

( ) → ( ) → ( )

3
① will ② jump ③ You

( ) → ( ) → ( )

4
① crawl ② will ③ She

( ) → ( ) → ( )

⑤ 다음 우리말을 영어로 바꿔 쓰세요.

1 그녀는 걷는다.   →   .

2 나는 달릴 수 있다.   →   .

3 그는 기어간다.   →   .

4 너는 뛰었다.   →   .

5 우리는 기어갈 것이다. →   .

6 그들은 기어간다.   →   .

⑥ 다음 밑줄 친 부분에서 잘못된 곳을 찾아 바르게 고쳐 쓰세요. (단, Chapter 1에서 제시된 문장을 사용해 주세요.)

1 You walks.   → - .

2 He runed.   → - .

3 We will walks.   → - .

4 She wented.   → - .

5 I runs.   → - .

6 I walk will.   → - .

1형식 어순 익히기2

주어

동사

단어를 들으며 5번씩 따라 읽어 보세요!

🎧1-09
UNIT 05

🎧1-11
UNIT 06

🎧1-13
UNIT 07

🎧1-15
UNIT 08

UNIT 05	UNIT 06	UNIT 07	UNIT 08
man 남자	**dog** 개	**tall** 키 큰	**swim** 수영하다
doctor 의사	**zoo** 동물원	**handsome** 잘생긴	**fast** 빠르게
teacher 선생님	**owl** 부엉이	**small** 작은	**hard** 열심히
ant 개미	**apartment** 아파트	**cute** 귀여운	**slowly** 느리게
angel 천사		**student** 학생	**carefully** 조심스럽게
uncle 삼촌		**girl** 소녀	**slow** 느린
will run 달릴 것이다		**baby** 아기	**careful** 조심스러운
will come 올 것이다			

UNIT 05

A man walks.
한 남자가 걷는다.

STEP 1 그림으로 이해하기

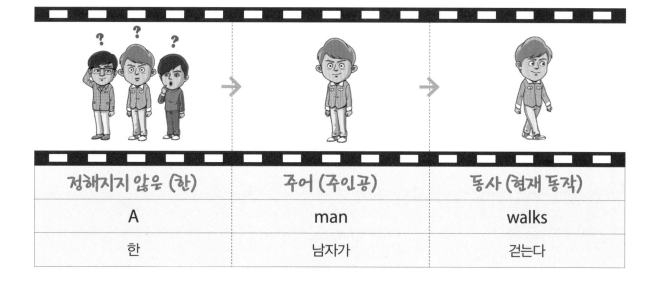

정해지지 않은 (한)	주어 (주인공)	동사 (현재 동작)
A	man	walks
한	남자가	걷는다

 〈한 + 주인공 + 현재 동작〉의 문장 표현

문장의 주인공이 누가 될지 모르는 상황에서 그 중 어느 한 명을 막연하게 나타낼 때는 주인공 앞에 'A'를 붙여서 나타내요. 그리고 여기서 문장의 주인공인 man은 '남자'를 나타내요. man(남자)도 어차피 'He(그)'와 같은 말이므로 동작을 나타내는 말인 동사 뒤에는 –s를 붙여야 해요.

Quiz 1

아래의 우리말을 영어로 써 보세요.

* 한 남자가 걷는다.

→ _____ .

❶ 주인공 앞에 붙는 'A'의 역할

A는 여럿 중에서 아직 정해지지 않은 한 명의 사람, 혹은 한 개의 사물 앞에 붙이는 말이에요. 반드시 man(남자), woman(여자), desk(책상), pen(펜) 등 눈에 보이는 사람이나 사물에만 붙을 수 있어요.

ex) a wisdom 한 개의 지혜 (✕) / a pen 한 개의 펜 (○)

a man 한 명의 남자	**a doctor** 한 명의 의사	**a teacher** 한 명의 선생님
a man		

👆 **한 가지만 더!**

he(그), she(그녀)같이 어떤 사람을 대신하는 말 앞에는 'A'나 'The'를 쓰면 안돼요.

ex) A he (X) – He (○) / The you (X) – You (✕)

❷ An + 모음

단어를 발음했을 때 모음인 'a, e, i, o, u'로 발음이 되면 그 단어 앞에 a가 아니라 an을 써요.

an ant 한 마리의 개미	**an angel** 한 명의 천사	**an uncle** 한 명의 삼촌

☑️
**Quiz
2**

다음 중 맞는 표현에 ○, 틀린 표현에 ✕ 하세요.

1 a man　　(　　)　　　2 an uncle (　　)

3 an doctor (　　)　　　4 a aunt　　(　　)

🎧 1-10 음성을 들으며 차례대로 2번씩 따라 말해 보세요.

1   ❶ A   한
      ❷ A man   한 남자가
      ❸ A man walks.   한 남자가 걷는다.

2   ❶ A   한
      ❷ A doctor   한 의사가
      ❸ A doctor jumped.   한 의사가 뛰었다.

3   ❶ A   한
      ❷ A teacher   한 선생님이
      ❸ A teacher will run.   한 선생님이 달릴 것이다.

4   ❶ An   한
      ❷ An ant   한 개미가
      ❸ An ant crawls.   한 개미가 기어간다.

5   ❶ An   한
      ❷ An angel   한 천사가
      ❸ An angel went.   한 천사가 갔다.

6   ❶ An   한
      ❷ An uncle   한 삼촌이
      ❸ An uncle will come.   한 삼촌이 올 것이다.

영어의 어순에 맞게 다음 빈칸을 채워 보세요.

	정해지지 않은 (한)	주어 (주인공)	동사 (동작)
1	한		
	한	남자가	
	한	남자가	걷는다
2	한		
	한	의사가	
	한	의사가	뛰었다
3	한		
	한	선생님이	
	한	선생님이	달릴 것이다
4	한		
	한	개미가	
	한	개미가	기어간다
5	한		
	한	천사가	
	한	천사가	갔다
6	한		
	한	삼촌이	
	한	삼촌이	올 것이다

▶ 정답은 39페이지 참조

UNIT 06

The man runs.

그 남자가 달린다

STEP 1 그림으로 이해하기

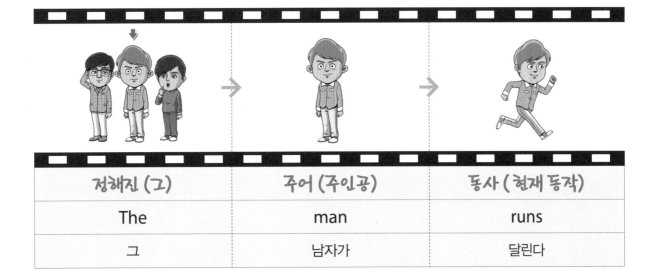

정해진 (그)	주어 (주인공)	동사 (현재 동작)
The	man	runs
그	남자가	달린다

 〈그 + 주인공 + 현재 동작〉의 문장 표현

The는 문장의 주인공이 한 명이며, 누구라고 정해져 있을 때 그 문장의 주인공 앞에 붙이는 말이에요. A man과 마찬가지로 The man도 'He(그)'와 같은 말이므로 동작을 나타내는 말 뒤에는 –s를 붙여야 해요.

Quiz 1

아래의 우리말을 영어로 써 보세요.

* 그 남자가 달린다.

→ _____ .

❶ 주인공 앞에 붙는 'The'의 역할

The는 여러 명이나 여러 개 중 특별한 어느 한 사람이나 사물을 가리킬 때 붙이는 말이에요. A와 마찬가지로 반드시 셀 수 있는 사람이나 사물에 붙여야 하며, 셀 수 없는 명사에는 붙일 수 없어요.

ex) the love 그 사랑 (×) / the desk 그 책상 (○)

The man 그 남자	The doctor 그 의사
The	

❷ The + 자음 / The + 모음

The 다음에 자음이 오면 [더], 'a, e, i, o, u' 같은 모음이 오면 [디]라고 불러요.

* [더] + 자음

the teacher 그 선생님	the dog 그 개	the zoo 그 동물원

* [디] + 모음

the ant 그 개미	the owl 그 부엉이	the apartment 그 아파트

Quiz 2

1 아래 단어의 뜻을 (   )에 써 보세요.

(1) The man (   )   (2) The doctor (   )

2 서로 'The' 발음이 같은 것끼리 묶인 것을 모두 골라 번호에 ○ 하세요.

(1) the teacher – the owl   (2) the apartment – the man

(3) the zoo – the dog   (4) the owl – the ant

🎧 1-12   음성을 들으며 차례대로 2번씩 따라 말해 보세요.

1　❶ The   그
　　❷ The man   그 남자가
　　❸ The man runs.   그 남자가 달린다.

2　❶ The   그
　　❷ The doctor   그 의사가
　　❸ The doctor went.   그 의사가 갔다.

3　❶ The   그
　　❷ The teacher   그 선생님이
　　❸ The teacher will come.   그 선생님이 올 것이다.

4　❶ The   그
　　❷ The ant   그 개미가
　　❸ The ant crawls.   그 개미가 기어간다.

5　❶ The   그
　　❷ The uncle   그 삼촌이
　　❸ The uncle walked.   그 삼촌이 걸었다.

6　❶ The   그
　　❷ The angel   그 천사가
　　❸ The angel will jump.   그 천사가 뛸 것이다.

영어의 어순에 맞게 다음 빈칸을 채워 보세요.

	정해진 (그)	주어 (주인공)	동사 (동작)
1	그		
	그	남자가	
	그	남자가	달린다
2	그		
	그	의사가	
	그	의사가	갔다
3	그		
	그	선생님이	
	그	선생님이	올 것이다
4	그		
	그	개미가	
	그	개미가	기어간다
5	그		
	그	삼촌이	
	그	삼촌이	걸었다
6	그		
	그	천사가	
	그	천사가	뛸 것이다

▶ 정답은 43페이지 참조

UNIT 07 The tall man walks.
그 키 큰 남자가 걷는다.

STEP 1 그림으로 이해하기

정해진 (그)	형용사 (어떠한)	주어 (주인공)	동사 (현재 동작)
The	tall	man	walks
그	키 큰	남자가	걷는다

〈그 + 어떠한 + 주인공 + 현재 동작〉의 문장 표현

'그 남자가 걷는다.'는 The man walks.라고 쓸 수 있어요. 그런데 그 남자가 꽤 키가 커요. 그 래서 '그 키 큰 남자'라고 설명을 해주려고 해요. 이럴 경우엔 그냥 우리말의 순서대로 man 앞에 '키가 큰'이라는 뜻의 tall을 써주면 돼요. 그래서 '그 키 큰 남자가 걷는다.'는 The tall man walks.라고 하면 돼요.

Quiz 1

아래의 우리말을 영어로 써 보세요.

＊ 그 키 큰 남자가 걷는다.

→ _____ .

❶ 형용사 (어떠한)

어떤 사람이나 사물이 있을 때, 그 사람이나 사물의 상태가 어떠한지 꾸며주는 말이 있어요. 예를 들어 '잘생긴 사람', '성실한 사람', '키 큰 사람' 등에서 '잘생긴, 성실한, '키 큰'이라는 역할을 하는 것이 바로 꾸며주는 말들이에요.

tall 키 큰	man 남자
tall	

❷ a / the + 형용사 (어떠한) + 사람 / 사물

a나 the가 사람이나 사물 앞에 쓰인다는 사실은 앞에서 배웠어요. 그런데 사람이나 사물 앞에 형용사가 들어갈 경우 이 형용사는 a나 the와 사람이나 사물 사이에 들어가야 해요.

A 한 / The 그	handsome 잘생긴	student 학생
A 한 / The 그	small 작은	girl 소녀
A 한 / The 그	cute 귀여운	baby 아기

Quiz 2

우리말을 참조하여 빈칸에 알맞은 말을 영어로 쓰세요.

1 the _____ girl   그 키 큰 소녀

2 a _____ student   한 잘생긴 학생

3 the _____ man   그 작은 남자

4 a _____ baby   한 귀여운 아기

🎧 1-14 음성을 들으며 차례대로 2번씩 따라 말해 보세요.

1　❶ The　　　　　　　　　　　　　　　그

　❷ The tall　　　　　　　　　　　　　그 키 큰

　❸ The tall man　　　　　　　　　　그 키 큰 남자가

　❹ The tall man walks.　　　　　　　그 키 큰 남자가 걷는다.

2　❶ The　　　　　　　　　　　　　　　그

　❷ The handsome　　　　　　　　　　그 잘생긴

　❸ The handsome student　　　　　　그 잘생긴 학생이

　❹ The handsome student runs.　　　그 잘생긴 학생이 달린다.

3　❶ The　　　　　　　　　　　　　　　그

　❷ The small　　　　　　　　　　　　그 작은

　❸ The small girl　　　　　　　　　　그 작은 소녀가

　❹ The small girl jumps.　　　　　　그 작은 소녀가 뛴다.

4　❶ The　　　　　　　　　　　　　　　그

　❷ The cute　　　　　　　　　　　　그 귀여운

　❸ The cute baby　　　　　　　　　　그 귀여운 아기가

　❹ The cute baby crawls.　　　　　　그 귀여운 아기가 기어간다.

tall, handsome, small, cute처럼 사람이나 사물을 꾸며주는 말을 '형용사'라고 해요.

영어의 어순에 맞게 다음 빈칸을 채워 보세요.

	정해진 (그)	형용사 (어떠한)	주어 (주인공)	동사 (동작)
1	그			
	그	키 큰		
	그	키 큰	남자가	
	그	키 큰	남자가	걷는다
2	그			
	그	잘생긴		
	그	잘생긴	학생이	
	그	잘생긴	학생이	달린다
3	그			
	그	작은		
	그	작은	소녀가	
	그	작은	소녀가	뛴다
4	그			
	그	귀여운		
	그	귀여운	아기가	
	그	귀여운	아기가	기어간다

▶ 정답은 47페이지 참조

The tall boy runs fast.
그 키 큰 소년이 빨리 달린다.

| STEP 1   그림으로 이해하기

정해진 (그)	형용사 (어떠한)	주어 (주인공)	동사 (현재 동작)	부사 (어떻게)
The	tall	boy	runs	fast
그	키 큰	소년이	달린다	빠르게

〈그 + 어떠한 + 주인공 + 현재 동작 + 어떻게〉의 문장 표현

'그 키 큰 소년이 달린다.'는 The tall boy runs.라고 쓸 수 있어요. 그런데 이 소년이 무언가 굉장히 바쁜 일이 있나 봐요. 그래서 어딘가를 향해 빠르게 달리고 있다고 설명을 하고 싶은데, 이 표현을 어떻게 나타내면 좋을까요? 바로 동작을 나타내는 말, 즉 '동사' 다음에 나타내주면 돼요. 그래서 The tall boy runs fast.라고 쓰면 돼요.

Quiz 1

아래의 우리말을 영어로 써 보세요.

* 그 키 큰 소년이 빠르게 달린다.

→ _____ .

❶ 부사 (어떻게)

동사를 묘사하거나 꾸며줄 때 쓰는 말이 있어요. 예를 들어 '빠르게 걷는다'나 '열심히 수영한다'에서 '빠르게'나 '열심히'가 바로 동사를 꾸며주는 말이에요. 그리고 이 말은 주로 동사 끝에 나와요.

run fast 빠르게 달린다	swim hard 열심히 수영한다
run	

❷ 형용사 (어떠한) + ly = 부사 (어떻게)

일반적으로 형용사(어떠한)에 ly를 붙이면 부사(어떻게)가 되는 경우가 많아요. 보통 '～하게'라고 해석돼요.

* 형용사 (어떠한)

slow 느린	careful 조심스러운

* 부사 (어떻게)

slowly 느리게	carefully 조심스럽게

👆 **한 가지만 더!**

happy처럼 끝이 y로 끝나는 형용사(어떠한)를 부사(어떻게)로 바꿔주려면 y를 i로 고치고 ly를 붙여야 해요.

ex) happy + ly = happily

Quiz 2

1 우리말을 참고하여 빈 칸에 알맞은 말을 영어로 쓰세요.

(1) run ＿＿＿＿＿ 빠르게 달린다   (2) swim ＿＿＿＿＿ 열심히 수영한다

2 다음을 부사(어떻게)로 바꿔 보세요.

(1) slow → ＿＿＿＿＿   (2) careful → ＿＿＿＿＿

🎧 1-16 음성을 들으며 차례대로 2번씩 따라 말해 보세요.

1 ❶ The   그

   ❷ The tall boy   그 키 큰 소년이

   ❸ The tall boy runs   그 키 큰 소년이 달린다

   ❹ The tall boy runs fast.   그 키 큰 소년이 달린다 빠르게

2 ❶ A   한

   ❷ A handsome student   한 잘생긴 학생이

   ❸ A handsome student swims   한 잘생긴 학생이 수영한다

   ❹ A handsome student swims hard. 한 잘생긴 학생이 수영한다 열심히

3 ❶ The   그

   ❷ The small girl   그 작은 소녀가

   ❸ The small girl jumps   그 작은 소녀가 뛴다

   ❹ The small girl jumps slowly.   그 작은 소녀가 뛴다 느리게

4 ❶ A   한

   ❷ A cute baby   한 귀여운 아기가

   ❸ A cute baby crawls   한 귀여운 아기가 기어간다

   ❹ A cute babye crawls carefully.   한 귀여운 아기가 기어간다 조심스럽게

fast, hard, slowly,
carefully처럼 동사를 꾸며
주는 말은 동사 뒤에
나와요.

영어의 어순에 맞게 다음 빈칸을 채워 보세요.

	정해진 (그)	주어 (주인공)	동사 (현재 동작)	부사 (어떻게)
1	그			
	그	키 큰 소년이		
	그	키 큰 소년이	달린다	
	그	키 큰 소년이	달린다	빠르게
2	한			
	한	잘생긴 학생이		
	한	잘생긴 학생이	수영한다	
	한	잘생긴 학생이	수영한다	열심히
3	그			
	그	작은 여자가		
	그	작은 여자가	뛴다	
	그	작은 여자가	뛴다	느리게
4	한			
	한	귀여운 아기가		
	한	귀여운 아기가	기어간다	
	한	귀여운 아기가	기어간다	조심스럽게

▶ 정답은 51페이지 참조

Practice 2

1 다음 그림이 나타내는 문장을 써 보세요.

1

---------- ---------- ----------

2

---------- ---------- ----------

3

-------- -------- -------- --------

4

---------- -------- -------- ----------

2 다음 단어와 뜻이 서로 맞는 것끼리 연결하세요.

1 tall   ○   ○   작은

2 small   ○   ○   귀여운

3 cute   ○   ○   키 큰

4 hard   ○   ○   느리게

5 slowly   ○   ○   열심히

6 careful   ○   ○   조심스러운

3 오른쪽 문장을 읽고 해당되는 단어로 빈칸을 채워 보세요.

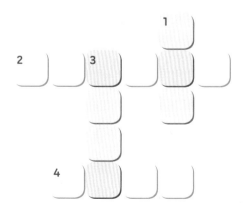

Across

2 한 의사가 뛰었다.

   A _____ jumped.

4 그 의사가 갔다.

   The doctor _____ .

Down

1 그 키 큰 소년이 빨리 달린다.

   The tall _____ runs fast .

3 그 귀여운 아기가 기어간다.

   The _____ baby crawl.

④ 다음 카드들의 번호를 어순에 맞게 써 보세요.

1 ① The ② crawls ③ ant

(　) → (　) → (　)

2 ① An ② angel ③ went

(　) → (　) → (　)

3 ① small ② The ③ girl ④ jumps

(　) → (　) → (　) → (　)

4 ① An ② will ③ come ④ uncle

(　) → (　) → (　) → (　)

⑤ 다음 우리말을 영어로 바꿔 쓰세요.

1 그 선생님이 올 것이다.　　→ 　　　　　　　　　　　　　.

2 한 남자가 걸어간다.　　→ 　　　　　　　　　　　　　.

3 그 잘생긴 학생이 열심히 수영한다.　　→ 　　　　　　　　　　　　　.

4 한 선생님이 달릴 것이다.　　→ 　　　　　　　　　　　　　.

5 그 작은 소녀가 느리게 뛴다.　　→ 　　　　　　　　　　　　　.

6 한 귀여운 아기가 조심스럽게 기어간다.　　→ 　　　　　　　　　　　　　.

⑥ 다음 밑줄 친 부분에서 잘못된 곳을 찾아 바르게 고쳐 쓰세요. (단, Chapter 2에서 제시된 문장을 사용해 주세요.)

1 An ant will <u>crawls</u>.　　→ 　----------------------------.

2 The <u>student handsome</u> runs.　　→ 　----------------------------.

3 The <u>jumped angel</u>.　　→ 　----------------------------.

4 A handsome student swims <u>hardly</u>.　　→ 　----------------------------.

5 The <u>man tall</u> walks.　　→ 　----------------------------.

6 The tall boy <u>fast runs</u>.　　→ 　----------------------------.

Chapter 3
2형식 어순 익히기

주어 동사 보어

✓CHECK UP!

단어를 들으며 5번씩 따라 읽어 보세요!

🎧 1-17
UNIT 09

🎧 1-19
UNIT 10

🎧 1-21
UNIT 11

🎧 1-23
UNIT 12

UNIT 09	UNIT 10	UNIT 11	UNIT 12
pilots 조종사	**pianist** 피아니스트	**happy** 행복한	**rich** 부유한
singer 가수	**lawyer** 변호사	**smart** 똑똑한	**poor** 가난한
nurse 간호사	**cook** 요리사	**angry** 화가 난	**pretty** 예쁜
rabbit 토끼	**water** 물	**kind** 친절한	**expensive** 비싼
	policemen 경찰관들	**healthy** 건강한	**wise** 영리한
	actor 배우	**beautiful** 아름다운	**pleasant** 즐거운
	farmers 농부들	**new** 새로운	**miserable** 불쌍한

UNIT 09
I am a student.
나는 학생이다.

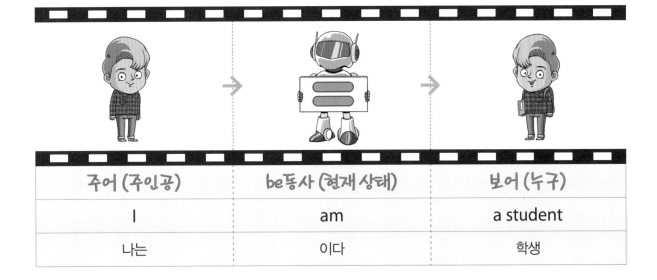

주어 (주인공)	be동사 (현재 상태)	보어 (누구)
I	am	a student
나는	이다	학생

〈주인공 + 현재 상태 + 누구〉의 문장 표현

지금까지는 문장의 주인공이 어떤 동작을 하는 경우를 살펴봤어요. 이번에는 '주인공이 누구이다'라는 말을 어떻게 표현하는지 알아보도록 해요. 우리말에서는 '주인공이 누구이다'라고 쓰는 데 반해, 영어에서는 문장의 주인공을 먼저 쓰고, '~이다'라는 말을 써요. 그리고 그 다음에 '누구'에 해당하는 말을 써 줘야 해요. 즉 '주인공이 + 이다 + 누구'로 나타내야 해요. 또한 '~이다'와 같은 동사를 'be동사'라고 불러요.

Quiz 1

아래의 우리말을 영어로 써 보세요.

* 나는 학생이다.

→ ------------------------------- .

영어에서 '~이다'라는 be동사의 표현은 주인공에 따라 조금씩 달라요.

❶ am을 쓰는 경우 (주인공이 I 일때)

I 나는	am 이다	a student 학생
I		

❷ are를 쓰는 경우 (주인공이 You, We, They 일때)

You 너는	are 이다	a teacher 선생님
We 우리는	are 이다	pilots 조종사들
They 그들은	are 이다	doctors 의사들

❸ is를 쓰는 경우 (주인공이 He, She, It 일때)

He 그는	is 이다	a singer 가수
She 그녀는	is 이다	a nurse 간호사
It 그것은	is 이다	a rabbit 토끼

👆 한 가지만 더!
  '~이다'에 해당하는 am, are, is 등을 모두 합쳐서 'be동사'라고 불러요.

Quiz 2

다음 주인공에 어울리는 '~이다' 표현을 써 보세요.

1 I _____ .   2 They _____ .

3 We _____ .   4 He _____ .

1-18 음성을 들으며 차례대로 2번씩 따라 말해 보세요.

1　❶ I 　　　　　　　　　　　　　　　　나는

　　❷ I am 　　　　　　　　　　　　　　나는 이다

　　❸ I am a student. 　　　　　　　　나는 이다 학생

2　❶ You 　　　　　　　　　　　　　　너는

　　❷ You are 　　　　　　　　　　　　너는 이다

　　❸ You are a teacher. 　　　　　　너는 이다 선생님

3　❶ We 　　　　　　　　　　　　　　　우리는

　　❷ We are 　　　　　　　　　　　　　우리는 이다

　　❸ We are pilots. 　　　　　　　　　우리는 이다 조종사들

4　❶ They 　　　　　　　　　　　　　　그들은

　　❷ They are 　　　　　　　　　　　　그들은 이다

　　❸ They are doctors. 　　　　　　　그들은 이다 의사들

5　❶ He 　　　　　　　　　　　　　　　그는

　　❷ He is 　　　　　　　　　　　　　　그는 이다

　　❸ He is a singer. 　　　　　　　　　그는 이다 가수

6　❶ She 　　　　　　　　　　　　　　그녀는

　　❷ She is 　　　　　　　　　　　　　그녀는 이다

　　❸ She is a nurse. 　　　　　　　　　그녀는 이다 간호사

STEP 4   문장의 어순 훈련하기

영어의 어순에 맞게 다음 빈칸을 채워 보세요.

	주어 (주인공)	be동사 (현재 상태)	보어 (누구)
1	나는		
	나는	이다	
	나는	이다	학생
2	너는		
	너는	이다	
	너는	이다	선생님
3	우리는		
	우리는	이다	
	우리는	이다	조종사들
4	그들은		
	그들은	이다	
	그들은	이다	의사들
5	그는		
	그는	이다	
	그는	이다	가수
6	그녀는		
	그녀는	이다	
	그녀는	이다	간호사

▶ 정답은 59페이지 참조

I was a pianist.
나는 피아니스트였다.

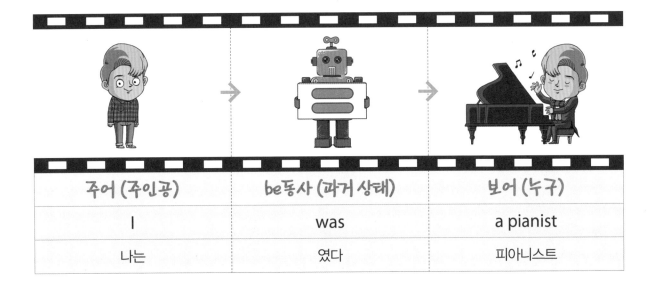

주어 (주인공)	be동사 (과거 상태)	보어 (누구)
I	was	a pianist
나는	였다	피아니스트

 〈주인공 + 과거 상태 + 누구〉의 문장 표현

'주인공이 누구이다'라는 말은 현재의 사실을 말해주고 있으며, am, are, is 등으로 나타냈어요. 그렇다면 과거에 '~이었다'라는 말은 어떻게 쓸까요? 바로 was와 were로 나타내면 돼요. 순서 는 '주인공이 누구이다'와 같고, '~이다'만 '~이었다'로 바꿔 써주면 돼요. 다만 주인공의 형태에 따라 was나 were를 구별해서 써야 해요.

Quiz 1

아래의 우리말을 영어로 써 보세요.

＊ 나는 피아니스트였다.

→ _____ .

영어에서 '～이다'의 과거형인 '～이었다'의 표현은 'was'와 'were' '두 가지가 있어요.

❶ was를 쓰는 경우 (주인공이 I, He, She, It 일때)

I 나는	was 였다	a pianist 피아니스트
He 그는	was 였다	a lawyer 변호사
She 그녀는	was 였다	a cook 요리사
It 그것은	was 이었다	water 물

✍ **한 가지만 더!**
water(물)는 셀 수 없는 명사이기 때문에 그 앞에 a나 the를 붙이지 않아요.

❷ were를 쓰는 경우 (주인공이 We, You, They 일때)

We 우리는	were 이었다	policemen 경찰관들
You 너는	were 이었다	an actor 배우
They 그들은	were 이었다	farmers 농부들

Quiz 2

우리말을 참고하여 빈칸에 알맞은 말을 영어로 쓰세요.

1 They _____ policemen.   그들은 경찰관들이었다.

2 He _____ an actor.   그는 배우였다.

3 We _____ farmers.   우리는 농부들이었다.

🎧 1-20 음성을 들으며 차례대로 2번씩 따라 말해 보세요.

1 ❶ I 　　　　　　　　　　　　　　　나는

　　❷ I was 　　　　　　　　　　　　나는 였다

　　❸ I was a pianist. 　　　　　　　나는 였다 피아니스트

2 ❶ You 　　　　　　　　　　　　　너는

　　❷ You were 　　　　　　　　　　너는 였다

　　❸ You were an actor. 　　　　　너는 였다 배우

3 ❶ We 　　　　　　　　　　　　　우리는

　　❷ We were 　　　　　　　　　　우리는 이었다

　　❸ We were policemen. 　　　　우리는 이었다 경찰관들

4 ❶ They 　　　　　　　　　　　　그들은

　　❷ They were 　　　　　　　　　그들은 이었다

　　❸ They were farmers. 　　　　그들은 이었다 농부들

5 ❶ He 　　　　　　　　　　　　　그는

　　❷ He was 　　　　　　　　　　그는 였다

　　❸ He was a lawyer. 　　　　　그는 였다 변호사

6 ❶ She 　　　　　　　　　　　　그녀는

　　❷ She was 　　　　　　　　　그녀는 였다

　　❸ She was a cook. 　　　　　그녀는 였다 요리사

STEP 4 문장의 어순 훈련하기

영어의 어순에 맞게 다음 빈칸을 채워 보세요.

	주어 (주인공)	be동사 (과거 상태)	보어 (누구)
1	나는		
	나는	였다	
	나는	였다	피아니스트
2	너는		
	너는	였다	
	너는	였다	배우
3	우리는		
	우리는	이었다	
	우리는	이었다	경찰관들
4	그들은		
	그들은	이었다	
	그들은	이었다	농부들
5	그는		
	그는	였다	
	그는	였다	변호사
6	그녀는		
	그녀는	였다	
	그녀는	였다	요리사

▶ 정답은 63페이지 참조

I am happy.
나는 행복하다.

STEP 1   그림으로 이해하기

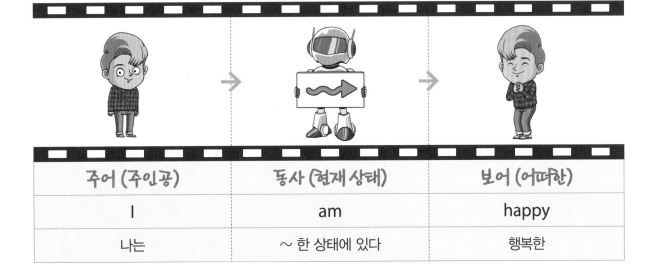

주어 (주인공)	동사 (현재 상태)	보어 (어떠한)
I	am	happy
나는	~ 한 상태에 있다	행복한

〈주인공 + 현재 상태 + 어떠한〉의 문장 표현

'주인공이 어떠하다'라는 문장에서 '어떠한'에 해당하는 표현들은 많이 있어요. 예를 들어 '행복한', '아름다운', '친절한' 등이 있지요. 그래서 '~한 상태에 있다'라는 말을 나타내는 am, is, are 다음에 '어떠한'에 대한 말들을 넣어 주인공의 상태를 설명하게 돼요. 따라서 'I am happy.'는 '나는 행복한 상태에 있다.', 즉, '나는 행복하다.'는 뜻이 되지요.

Quiz 1

아래의 우리말을 영어로 써 보세요.

* 나는 행복하다.

→ _____ .

주인공이 어떤 상태인지를 나타낼 때 '～이다'에 해당하는 be동사를 먼저 쓰고, 그 다음에 어떤 상태인지를 나타내주는 형용사를 쓰면 돼요.

❶ am을 쓰는 경우 (주인공이 I 일때)

I 나는	am 이다	happy 행복한
I		

🖐 **한 가지만 더!**
'이다'와 '어떠한'이 결합하여 '어떠하다'로 바뀐다고 생각하면 돼요.
am (이다) + happy (행복한) = am happy (행복하다)

❷ are를 쓰는 경우 (주인공이 You, We, They 일때)

You 너는	are 이다	smart 똑똑한
We 우리는	are 이다	angry 화가 난
They 그들은	are 이다	kind 친절한

❸ is를 쓰는 경우 (주인공이 He, She, It 일때)

He 그는	is 이다	healthy 건강한
She 그녀는	is 이다	beautiful 아름다운
It 그것은	is 이다	new 새로운

Quiz 2

다음 중 맞는 문장에 ○, 틀린 문장에 × 하세요.

1 We are angry. (　) 　　2 He healthy. (　)
3 They are kind. (　) 　　4 It news. 　(　)

🎧 1-22 음성을 들으며 차례대로 2번씩 따라 말해 보세요.

1 ❶ I 나는
  ❷ I am 나는 이다
  ❸ I am happy. 나는 이다 행복한

2 ❶ You 너는
  ❷ You are 너는 이다
  ❸ You are smart. 너는 이다 똑똑한

3 ❶ We 우리는
  ❷ We are 우리는 이다
  ❸ We are angry. 우리는 이다 화가 난

4 ❶ They 그들은
  ❷ They are 그들은 이다
  ❸ They are kind. 그들은 이다 친절한

5 ❶ He 그는
  ❷ He is 그는 이다
  ❸ He is healthy. 그는 이다 건강한

6 ❶ She 그녀는
  ❷ She is 그녀는 이다
  ❸ She is beautiful. 그녀는 이다 아름다운

영어의 어순에 맞게 다음 빈칸을 채워 보세요.

	주어 (주인공)	동사 (현재 상태)	보어 (어떠한)
1	나는		
	나는	이다	
	나는	이다	행복한
2	너는		
	너는	이다	
	너는	이다	똑똑한
3	우리는		
	우리는	이다	
	우리는	이다	화가 난
4	그들은		
	그들은	이다	
	그들은	이다	친절한
5	그는		
	그는	이다	
	그는	이다	건강한
6	그녀는		
	그녀는	이다	
	그녀는	이다	아름다운

▶ 정답은 67페이지 참조

I was rich.

나는 부유했다.

STEP 1   그림으로 이해하기

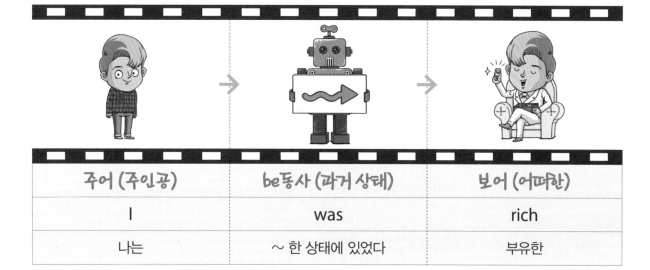

주어 (주인공)	be동사 (과거 상태)	보어 (어떠한)
I	was	rich
나는	~ 한 상태에 있었다	부유한

  〈주인공 + 과거 상태 + 어떠한〉의 문장 표현

'주인공이 어떠했다'라는 말을 표현하려면 '어떠한'에 해당하는 말인 '예쁜', '영리한', '불쌍한' 등은 그대로 써주고, 그 사이에 상태를 나타내는 표현만 was나 were로 바꿔주면 돼요. 즉, '나는 부유했다'는, 주인공 I 다음에 '~이었다'의 표현인 was, 그리고 '부유한'에 해당하는 rich를 순서대로 써주면 돼요.

Quiz 1

아래의 우리말을 영어로 써 보세요.

＊ 나는 부유했다.

→ _____ .

주인공이 과거에 어떤 상태였는지를 나타낼 때에는 문장의 주인공 다음에 '～이었다'에 해당하는 말을 쓰고, 그 다음에 어떤 상태인지를 나타내주는 말을 쓰면 돼요.

❶ was를 쓰는 경우 (주인공이 I, He, She, It 일때)

I 나는	was 이었다	rich 부유한
He 그는	was 이었다	poor 가난한
She 그녀는	was 이었다	pretty 예쁜
It 그것은	was 이었다	expensive 비싼

👆 **한 가지만 더!**
'이었다'와 '어떠한'이 결합하여 '어떠했다'로 바뀐다고 생각하면 돼요.
was (이었다) + rich (부유한) = was rich (부유했다)

❷ were를 쓰는 경우 (주인공이 You, We, They 일때)

You 너는	were 이었다	wise 영리한
We 우리는	were 이었다	pleasant 즐거운
They 그들은	were 이었다	miserable 불쌍한

Quiz 2

다음 중 맞는 문장에 ○, 틀린 문장에 × 하세요.

1 He was rich. (   )   2 It were expensive. (   )

3 They miserable. (   )   4 She was poor. (   )

🎧 1-24 음성을 들으며 차례대로 2번씩 따라 말해 보세요.

1 ❶ I 나는

❷ I was 나는 이었다

❸ I was rich. 나는 이었다 부유한

2 ❶ You 너는

❷ You were 너는 이었다

❸ You were wise. 너는 이었다 영리한

3 ❶ We 우리는

❷ We were 우리는 이었다

❸ We were pleasant. 우리는 이었다 즐거운

4 ❶ They 그들은

❷ They were 그들은 이었다

❸ They were miserable. 그들은 이었다 불쌍한

5 ❶ He 그는

❷ He was 그는 이었다

❸ He was poor. 그는 이었다 가난한

6 ❶ She 그녀는

❷ She was 그녀는 이었다

❸ She was pretty. 그녀는 이었다 예쁜

영어의 어순에 맞게 다음 빈칸을 채워 보세요.

	주어 (주인공)	상태 (과거)	보어 (어떠한)
1	나는		
	나는	이었다	
	나는	이었다	부유한
2	너는		
	너는	이었다	
	너는	이었다	영리한
3	우리는		
	우리는	이었다	
	우리는	이었다	즐거운
4	그들은		
	그들은	이었다	
	그들은	이었다	불쌍한
5	그는		
	그는	이었다	
	그는	이었다	가난한
6	그녀는		
	그녀는	이었다	
	그녀는	이었다	예쁜

▶ 정답은 71페이지 참조

Practice 3

1 다음 그림이 나타내는 문장을 써 보세요.

1

----------- ----------- -----------

2

----------- ----------- -----------

3

----------- ----------- -----------

4

----------- ----------- -----------

2 다음 단어와 뜻이 서로 맞는 것끼리 연결하세요.

1 pilot ○   ○ 선생님

2 singer ○   ○ 배우

3 nurse ○   ○ 의사

4 teacher ○   ○ 가수

5 actor ○   ○ 간호사

6 doctor ○   ○ (비행기) 조종사

3 오른쪽 문장을 읽고 해당되는 단어로 빈칸을 채워 보세요.

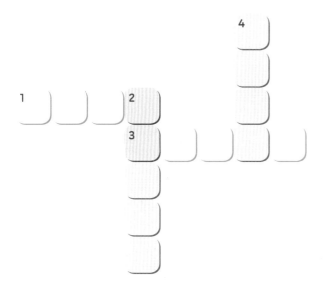

Across

1 나는 부유했다.
   I was _____ .

3 우리는 화가 나 있다.
   We are _____ .

Down

2 나는 행복하다.
   I am _____ .

4 그는 가난했다.
   He was _____ .

4 다음 카드들의 번호를 어순에 맞게 써 보세요.

1　① ② ③

are	They	kind

(　) → (　) → (　)

2　① ② ③

healthy	He	is

(　) → (　) → (　)

3　① ② ③ ④

a	You	teacher	are

(　) → (　) → (　) → (　)

4　① ② ③ ④

a	is	She	nurse

(　) → (　) → (　) → (　)

5 다음 우리말을 영어로 바꿔 쓰세요.

1　그들은 농부들이었다.　→　　　　　　　　　　　　　.

2　너는 배우였다.　→　　　　　　　　　　　　　.

3　그녀는 아름답다.　→　　　　　　　　　　　　　.

4　그녀는 예뻤다.　→　　　　　　　　　　　　　.

5　그들은 불쌍했다.　→　　　　　　　　　　　　　.

6　너는 영리했다.　→　　　　　　　　　　　　　.

6 다음 밑줄 친 부분에서 잘못된 곳을 찾아 바르게 고쳐 쓰세요. (단, Chapter 3에서 제시된 문장을 사용해 주세요.)

1　You <u>was</u> wise.　→　--.

2　We <u>was a pleasant</u>.　→　--.

3　They are <u>doctor</u>.　→　--.

4　We were <u>policeman</u>.　→　--.

5　He <u>were</u> a lawyer.　→　--.

6　She was <u>cook</u>.　→　--.

Chapter 4

3형식 어순 익히기

주어

동사

목적어

✓CHECK UP!

단어를 들으며 5번씩 따라 읽어 보세요!

🎧 1-25
UNIT 13

🎧 1-27
UNIT 14

🎧 1-29
UNIT 15

🎧 1-31
UNIT 16

UNIT 13	UNIT 14	UNIT 15	UNIT 16
like 좋아하다	**hate** 싫어하다	**always** 항상	**help** 돕다
know 알다	**bird** 새	**often** 자주	**sing** 노래 부르다
play 놀다	**much** 많이	**sometimes** 가끔	**sweet** 달콤한
love 사랑하다	**very** 매우	**never** 전혀 ~않는	**young** 젊은
meet 만나다	**too** 너무	**eat** 먹다	**delicious** 맛있는
make 만들다		**remember** 기억하다	**writer** 작가
chocolate 초콜릿		**badminton** 배드민턴	**food** 음식
name 이름		**hamburger** 햄버거	**song** 노래
soccer 축구			

I like chocolate.
그녀는 초콜릿을 좋아한다.

주어 (주인공)	동사 (현재 상태)	목적어 (무엇)
I	like	chocolate
나는	좋아한다	초콜릿을

〈주인공 + 현재 상태 + 무엇〉의 문장 표현

이제부터는 주인공이 나 말고 다른 물건에도 관심을 가지는 경우를 생각해 보아요. 주인공도 나오지만 새로운 상대가 나오는 거지요. 새로운 상대는 사람일 수도 있고 물건, 음식 등이 될 수도 있어요. 우리말로는 보통 '~을, ~를'에 해당하는 말이에요. 그리고 영어에서는 '주인공이 + ~한다 + 무엇을' 이라는 순서로 나타내야 해요.

Quiz 1

아래의 우리말을 영어로 써 보세요.

* 나는 초콜릿을 좋아한다.

→ _____ .

① 주인공 ≠ 상대

'~하다' 다음에 나오는 새로운 사람이나 물건은 주인공과 전혀 달라요. 이때 새로운 상대에는 우리말로 '~을, 를'을 붙여요.

ex) I love you. 나는 너를 사랑해. (I ≠ you)

② 상대가 명사 (사람, 동물, 물건)인 경우

I 나는	like 좋아한다	chocolate 초콜릿을
I		
You 너는	know 안다	the name 그 이름을
We 우리는	play 한다	soccer 축구를
They 그들은	love 사랑한다	a dog 개를

③ 상대가 대명사 (너, 나, 그들, 그것 등)인 경우

He 그는	meets 만난다	them 그들을
She 그녀는	makes 만든다	it 그것을

Quiz 2

우리말을 참고하여 빈칸에 알맞은 말을 영어로 쓰세요.

1 I know _____ . 나는 그 이름을 안다.
2 He likes _____ . 그는 개를 좋아한다.
3 She meets _____ . 그녀는 그들을 만난다.
4 You make _____ . 너는 그것을 만든다.

🎧 1-26   음성을 들으며 차례대로 2번씩 따라 말해 보세요.

1 ❶ I   나는

    ❷ I like   나는 좋아한다

    ❸ I like chocolate.   나는 좋아한다 초콜릿을

2 ❶ You   너는

    ❷ You know   너는 안다

    ❸ You know the name.   너는 안다 그 이름을

3 ❶ We   우리는

    ❷ We play   우리는 한다

    ❸ We play soccer.   우리는 한다 축구를

4 ❶ They   그들은

    ❷ They love   그들은 사랑한다

    ❸ They love a dog.   그들은 사랑한다 개를

5 ❶ He   그는

    ❷ He meets   그는 만난다

    ❸ He meets them.   그는 만난다 그들을

6 ❶ She   그녀는

    ❷ She makes   그녀는 만든다

    ❸ She makes it.   그녀는 만든다 그것을

영어의 어순에 맞게 다음 빈칸을 채워 보세요.

	주어 (주인공)	동사 (현재 상태)	목적어 (무엇)
1	_____ 나는		
	_____ 나는	_____ 좋아한다	
	_____ 나는	_____ 좋아한다	_____ 초콜릿을
2	_____ 너는		
	_____ 너는	_____ 안다	
	_____ 너는	_____ 안다	_____ 그 이름을
3	_____ 우리는		
	_____ 우리는	_____ 한다	
	_____ 우리는	_____ 한다	_____ 축구를
4	_____ 그들은		
	_____ 그들은	_____ 사랑한다	
	_____ 그들은	_____ 사랑한다	_____ 개를
5	_____ 그는		
	_____ 그는	_____ 만난다	
	_____ 그는	_____ 만난다	_____ 그들을
6	_____ 그녀는		
	_____ 그녀는	_____ 만든다	
	_____ 그녀는	_____ 만든다	_____ 그것을

▶ 정답은 79페이지 참조

UNIT 14 — I like chocolate very much.

나는 초콜릿을 매우 많이 좋아한다.

STEP 1   그림으로 이해하기

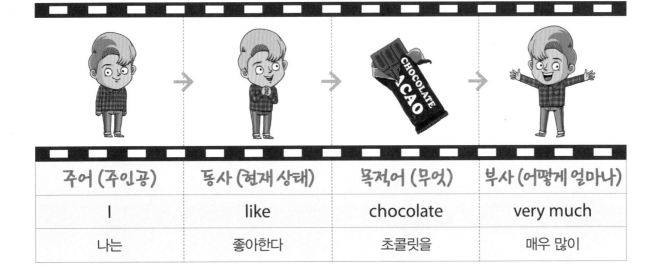

주어 (주인공)	동사 (현재 상태)	목적어 (무엇)	부사 (어떻게 얼마나)
I	like	chocolate	very much
나는	좋아한다	초콜릿을	매우 많이

 〈주인공 + 현재 상태 + 무엇 + 어떻게 얼마나〉의 문장 표현

'주인공이 무엇을 어떻게 얼마나 ~하다'라는 말은 주인공이 어떻게 얼마나 무엇에 대해서 ~한지를 나타내줘요. 즉, '매우 많이'와 같은 말을 넣어서 '매우 많이 좋아한다' 등과 같이 표현할 수 있지요. 영어에서는 '주인공 + ~한다 + 무엇을 + 어떻게 얼마나'의 순서로 나타내야 해요.

Quiz 1

아래의 우리말을 영어로 써 보세요.

* 나는 초콜릿을 매우 많이 좋아한다.

→ ----------------------------- .

❶ 부사 (어떻게 얼마나) very much

very much는 문장의 맨 뒤에 와서 동사를 꾸며줄 수 있어요.

I 나는	like 좋아한다	chocolate 초콜릿을	very much 매우 많이
I			
----------------	----------------	----------------	----------------
They 그들은	love 사랑한다	the bird 그 새를	very much 매우 많이
----------------	----------------	----------------	----------------

❷ 부사 (어떻게 얼마나) too much

too much는 '너무 많이' 라는 뜻으로써, 좀 부정적인 뜻이 들어 있어요.

He 그는	hates 싫어한다	you 너를	too much 너무 많이
----------------	----------------	----------------	----------------
She 그녀는	meets 만난다	him 그를	too much 너무 많이
----------------	----------------	----------------	----------------

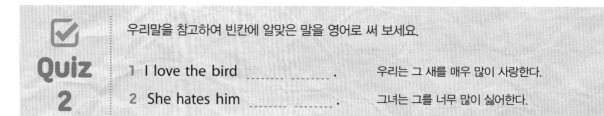

Quiz 2

우리말을 참고하여 빈칸에 알맞은 말을 영어로 써 보세요.

1 I love the bird _____ _____ .   우리는 그 새를 매우 많이 사랑한다.

2 She hates him _____ _____ .   그녀는 그를 너무 많이 싫어한다.

STEP 3 문장의 어순 익히기

🎧 1-28 음성을 들으며 차례대로 2번씩 따라 말해 보세요.

1 ❶ I
나는

❷ I like
나는 좋아한다

❸ I like chocolate
나는 좋아한다 초콜릿을

❹ I like chocolate very much.
나는 좋아한다 초콜릿을 매우 많이

2 ❶ They
그들은

❷ They love
그들은 사랑한다

❸ They love the bird
그들은 사랑한다 그 새를

❹ They love the bird very much.
그들은 사랑한다 그 새를 매우 많이

3 ❶ He
그는

❷ He hates
그는 싫어한다

❸ He hates you
그는 싫어한다 너를

❹ He hates you too much.
그는 싫어한다 너를 너무 많이

4 ❶ She
그녀는

❷ She meets
그녀는 만난다

❸ She meets him
그녀는 만난다 그를

❹ She meets him too much.
그녀는 만난다 그를 너무 많이

very much는 '매우 많이',
too much는 '너무 많이'의
뜻이에요.

영어의 어순에 맞게 다음 빈칸을 채워 보세요.

	주어 (주인공)	동사 (현재 / 상태)	목적어 (무엇)	부사 (어떻게 얼마나)
1	나는			
	나는	좋아한다		
	나는	좋아한다	초콜릿을	
	나는	좋아한다	초콜릿을	매우 많이
2	그들은			
	그들은	사랑한다		
	그들은	사랑한다	그 새를	
	그들은	사랑한다	그 새를	매우 많이
3	그는			
	그는	싫어한다		
	그는	싫어한다	너를	
	그는	싫어한다	너를	너무 많이
4	그녀는			
	그녀는	만난다		
	그녀는	만난다	그를	
	그녀는	만난다	그를	너무 많이

▶ 정답은 83페이지 참조

UNIT 15 I always like chocolate.

나는 항상 초콜릿을 좋아한다.

UNIT 15

STEP 1 그림으로 이해하기

주어 (주인공)	부사 (얼마나 자주)	동사 (현재 상태)	목적어 (무엇)
I	always	like	chocolate
나는	항상	좋아한다	초콜릿을

 〈주인공 + 얼마나 자주 + 현재 상태 + 무엇〉의 문장 표현

'주인공이 얼마나 자주 무엇(누구)을 ~한다'라는 말은 주인공이 무엇 혹은 누구를 얼마나 자주 ~하는지 알려줘요. 그리고 얼마나 자주 ~하는지에 대한 빈도는 always(항상), often(자주), sometimes(때때로), never(전혀) 등으로 나타내지요. 영어에서는 '주인공 + 얼마나 자주 + ~한다 + 무엇(누구)을'의 순서로 나타내야 해요.

Quiz 1

아래의 우리말을 영어로 써 보세요.

* 나는 항상 초콜릿을 좋아한다.

→ _____ .

STEP 2 문장의 구성 요소 익히기

❶ 얼마나 자주

보통 동사 앞에서 쓰여 무엇 혹은 누구를 얼마나 자주 ~하는지 알려줘요.

I 나는	always 항상	like 좋아한다	chocolate 초콜릿을
We 우리는	often 자주	play 친다	badminton 배드민턴을
They 그들은	sometimes 가끔	eat 먹는다	hamburgers 햄버거를
He 그는	never 전혀 ~않는	remembers 기억한다	them 그들을

👆 한 가지만 더!

● always 〉 ◑ often 〉 ◐ sometimes 〉 ○ never

→ 각 단어들의 빈도를 색으로 표현하면 대략 위와 같아요.

❷ '얼마나 자주'를 표현하는 말은 일반 동사 앞에, 그리고 be동사 뒤에 쓰지요.

He always loves the baby. (○)
He loves always the baby. (✕)
→ 그는 항상 그 아기를 사랑한다.

She is always happy. (○)
She always is happy. (✕)
→ 그녀는 항상 행복하다.

✓ Quiz 2

다음 문장에서 우리말의 '얼마나 자주'에 해당하는 단어를 넣어 보세요.

1 He _____ likes chocolate.　　그는 항상 초콜릿을 좋아한다.

2 They _____ play badminton.　　그들은 자주 배드민턴을 한다.

3 We _____ remembers them.　　우리는 그들을 가끔 기억한다.

4 I _____ eat hamburgers.　　나는 전혀 햄버거를 먹지 않는다.

🎧 1-30 음성을 들으며 차례대로 2번씩 따라 말해 보세요.

1 ❶ I   나는

  ❷ I always   나는 항상

  ❸ I always like   나는 항상 좋아한다

  ❹ I always like chocolate.   나는 항상 좋아한다 초콜릿을

2 ❶ We   그는

  ❷ We often   그는 자주

  ❸ We often play   그는 자주 친다

  ❹ We often play badminton.   그는 자주 친다 배드민턴을

3 ❶ They   그들은

  ❷ They sometimes   그들은 가끔

  ❸ They sometimes eat   그들은 가끔 먹는다

  ❹ They sometimes eat hamburgers.   그들은 가끔 먹는다 햄버거를

4 ❶ He   우리는

  ❷ He never   우리는 전혀 ~ 않는

  ❸ He never remembers   우리는 전혀 ~ 않는 기억한다

  ❹ He never remembers them.   우리는 전혀 ~ 않는 기억한다 그들을

위 동사의 과거형은
eat의 과거형인 ate만
빼고는 모두 단어 뒤에
-ed를 붙여 나타내요.

STEP 4   문장의 어순 훈련하기

영어의 어순에 맞게 다음 빈칸을 채워 보세요.

	주어 (주인공)	부사 (얼마나 자주)	동사 (현재 상태)	목적어 (무엇)
1	나는			
	나는	항상		
	나는	항상	좋아한다	
	나는	항상	좋아한다	초콜릿을
2	우리는			
	우리는	자주		
	우리는	자주	친다	
	우리는	자주	친다	배드민턴을
3	그들은			
	그들은	가끔		
	그들은	가끔	먹는다	
	그들은	가끔	먹는다	햄버거를
4	그는			
	그는	전혀 ~않는		
	그는	전혀 ~않는	기억한다	
	그는	전혀 ~않는	기억한다	그들을

▶ 정답은 87페이지 참조

I like sweet chocolate.

나는 달콤한 초콜릿을 좋아한다.

STEP 1 그림으로 이해하기

주어 (주인공)	동사 (현재 상태)	형용사 (어떠한)	목적어 (무엇)
I	like	sweet	chocolate
나는	좋아한다	달콤한	초콜릿을

 〈주인공 + 현재 상태 + 어떠한 + 무엇〉의 문장 표현

'주인공이 어떠한 무엇을 ~하다'의 문장은, '어떠한'에 해당하는 말을 '무엇'에 해당하는 말 앞에 넣어서 표현해요. 즉, '어떠한'에 해당하는 '달콤한'이 '무엇'에 해당하는 '초콜릿' 앞에 와서 sweet chocolate으로 나타나며, 주인공과 동사 다음에 써주면 돼요.

Quiz 1

아래의 우리말을 영어로 써 보세요.

＊ 나는 달콤한 초콜릿을 좋아한다.

→ ----------------------------------- .

❶ 명사(누구)를 꾸며주는 말

You 너는	help 돕는다	the young 그 젊은	writer 작가를
--------------------	--------------------	--------------------	--------------------

❷ 명사(무엇)을 꾸며주는 말

I 나는	like 좋아한다	sweet 달콤한	chocolate 초콜릿을
--------------------	--------------------	--------------------	--------------------
They 그들은	eat 먹는다	the delicious 그 맛있는	food 음식을
--------------------	--------------------	--------------------	--------------------
She 그녀는	sings 부른다	the beautiful 그 아름다운	song 노래를
--------------------	--------------------	--------------------	--------------------

✋ **한 가지만 더!**

'무엇'이나 '누구' 앞에 '어떠한'의 표현이 들어가면 원래 '무엇'이나 '누구' 앞에 붙었던 a나 the는 '어떠한' 앞으로 보내줘야 해요.
ex) The girl (그 소녀) → the pretty girl (그 예쁜 소녀)

☑ **Quiz 2**

다음 표현들을 우리말로 써 보세요.

1 sweet chocolate _____ . 2 delicious food _____ .

3 young writer _____ . 4 beautiful song _____ .

🎧 1-32 음성을 들으며 차례대로 2번씩 따라 말해 보세요.

1 ❶ I   나는

   ❷ I like   나는 좋아한다

   ❸ I like sweet   나는 좋아한다 달콤한

   ❹ I like sweet chocolate.   나는 좋아한다 달콤한 초콜릿을

2 ❶ You   너는

   ❷ You help   너는 돕는다

   ❸ You help the young   너는 돕는다 그 젊은

   ❹ You help the young writer.   너는 돕는다 그 젊은 작가를

3 ❶ They   그들은

   ❷ They eat   그들은 먹는다

   ❸ They eat the delicious   그들은 먹는다 그 맛있는

   ❹ They eat the delicious food.   그들은 먹는다 그 맛있는 음식을

4 ❶ She   그녀는

   ❷ She sings   그녀는 부른다

   ❸ She sings the beautiful   그녀는 부른다 그 아름다운

   ❹ She sings the beautiful song.   그녀는 부른다 그 아름다운 노래를

위 문장들을 과거형으로
나타낼 땐 like는 liked, help는
helped, eat은 ate, sing은
sang으로 나타내요.

영어의 어순에 맞게 다음 빈칸을 채워 보세요.

	주어 (주인공)	동사 (현재 상태)	형용사 (어떠한)	목적어 (무엇 / 누구)
1	나는			
	나는	좋아한다		
	나는	좋아한다	달콤한	
	나는	좋아한다	달콤한	초콜릿을
2	너는			
	너는	돕는다		
	너는	돕는다	그 젊은	
	너는	돕는다	그 젊은	작가를
3	그들은			
	그들은	먹는다		
	그들은	먹는다	그 맛있는	
	그들은	먹는다	그 맛있는	음식을
4	그녀는			
	그녀는	부른다		
	그녀는	부른다	그 아름다운	
	그녀는	부른다	그 아름다운	노래를

▶ 정답은 91페이지 참조

Practice 4

1 다음 그림이 나타내는 문장을 써 보세요.

1

------------ ------------ ------------

2

------------ ------------ ------------

3

------------ ------------ ------------ ------------

4

------------ ------------ ------------ ------------

2 다음 단어와 뜻이 서로 맞는 것끼리 연결하세요.

1 love ○   ○ 좋아하다
2 meet ○   ○ 만들다
3 make ○   ○ 알다
4 play ○   ○ 만나다
5 know ○   ○ 사랑하다
6 like ○   ○ (운동을) 하다

3 오른쪽 문장을 읽고 해당되는 단어로 빈칸을 채워 보세요.

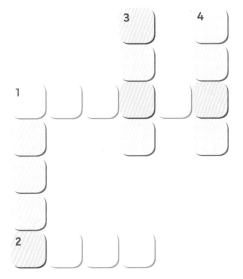

Across

1 우리는 축구를 한다.
  We play _____ .

2 그는 그들을 만난다
  He meets _____ .

Down

1 나는 달콤한 초콜릿을 좋아한다.
  I like _____ choclate.

3 그녀는 그를 너무 많이 만난다.
  She meets him too _____ .

4 그들은 그 새를 매우 많이 사랑한다.
  They love the brid _____ much.

4 다음 카드들의 번호를 어순에 맞게 써 보세요.

1 ① hates ② He ③ you ④ too

( ) → ( ) → ( ) → ( )

2 ① I ② always ③ chocolate ④ like

( ) → ( ) → ( ) → ( )

3 ① I ② like ③ very much ④ chocolate

( ) → ( ) → ( ) → ( )

4 ① know ② the ③ name ④ You

( ) → ( ) → ( ) → ( )

5 다음 우리말을 영어로 바꿔 쓰세요.

1 그는 그들을 만난다. →   .

2 우리는 배드민턴을 자주 친다. →   .

3 너는 그 젊은 작가를 돕는다. →   .

4 그녀는 그 아름다운 노래를 부른다. →   .

5 그들은 가끔 햄버거를 먹는다. →   .

6 나는 초콜릿을 좋아한다. →   .

6 다음 밑줄 친 부분에서 잘못된 곳을 찾아 바르게 고쳐 쓰세요. (단, Chapter 4에서 제시된 문장을 사용해 주세요.)

1 They a dog love. →   .

2 She make it. →   .

3 They love the very much bird. →   .

4 They eat delicious the food. →   .

5 I like always chocolate. →   .

6 He never remember them. →   .

Chapter 5

부정문·의문문
어순 익히기

be동사

주어   보어

단어를 들으며 5번씩 따라 읽어 보세요!

🎧1-33
UNIT 17

🎧1-35
UNIT 18

🎧1-37
UNIT 19

🎧1-39
UNIT 20

UNIT 17	UNIT 18	UNIT 19	UNIT 20
not ~이 아닌	**sick** 아픈	**rumor** 소문	**speak** 말하다
lonely 외로운	**hungry** 배고픈	**bread** 빵	**animal** 동물
ugly 못생긴	**lazy** 게으른	**pizza** 피자	**language** 언어
sad 슬픈	**foolish** 어리석은		
polite 정중한	**busy** 바쁜		
short 키가 작은			
elegant 우아한			

UNIT 17

I am not lonely.

나는 외롭지 않다.

STEP 1 그림으로 이해하기

주어 (주인공)	be동사 (현재 상태 부정)	보어 (어떠한)
I	am not	lonely
나는	~ 한 상태가 아니다	외로운

 〈주인공 + 현재 상태 부정 + 어떠한〉의 문장 표현

지금까지는 '주인공이 어떠하다', 혹은 '주인공이 어떠했다'의 표현을 배워봤어요. 그런데 만약 어떠하지 않다고 표현할 때는 어떻게 쓸까요? 바로 be동사 뒤에 not이라는 부정어를 넣어주면 돼요. 그리고 그 뒤에 '어떠한'에 해당하는 말인 '예쁜', '친절한', '똑똑한', '건강한' 등이 오면 '어떠하지 않다'라는 표현이 되어요.

Quiz 1

아래의 우리말을 영어로 써 보세요.

＊ 나는 외롭지 않다.

→ _____ .

주인공이 현재 어떤 상태가 아니라고 부정의 뜻을 나타내고 싶을 땐 am, are 또는 is 같은 be동사 뒤에 부정어 not을 써주면 돼요.

❶ be동사 am의 부정

I 나는	am not ~이 아니다	lonely 외로운
I		

❷ be동사 are의 부정

You 너는	are not ~이 아니다	ugly 못생긴
We 우리는	are not ~이 아니다	sad 슬픈
They 그들은	are not ~이 아니다	polite 정중한

❸ be동사 is의 부정

He 그는	is not ~이 아니다	short 키가 작은
She 그녀는	is not ~이 아니다	elegant 우아한

👆 한 가지만 더!

위의 문장들을 과거형으로 나타내려면 am과 is는 was, are는 were로 써주면 돼요.

ex) I was not lonely. (나는 외롭지 않았다.) / They were not polite. (그들은 정중하지 않았다.)

Quiz 2

다음 중 맞는 문장에 ○, 틀린 문장에 × 하세요.

1 He not lonely. (   )   2 We are short. (   )

3 They is not sad. (   )   4 It is old not. (   )

🎧 1-34　음성을 들으며 차례대로 2번씩 따라 말해 보세요.

1　❶ I   나는

　　❷ I am not   나는 ～이 아니다

　　❸ I am not lonely.   나는 ～이 아니다 외로운

2　❶ You   너는

　　❷ You are not   너는 ～이 아니다

　　❸ You are not ugly.   너는 ～이 아니다 못생긴

3　❶ We   우리는

　　❷ We are not   우리는 ～이 아니다

　　❸ We are not sad.   우리는 ～이 아니다 슬픈

4　❶ They   그들은

　　❷ They are not   그들은 ～이 아니다

　　❸ They are not polite.   그들은 ～이 아니다 정중한

5　❶ He   그는

　　❷ He is not   그는 ～이 아니다

　　❸ He is not short.   그는 ～이 아니다 키가 작은

6　❶ She   그녀는

　　❷ She is not   그녀는 ～이 아니다

　　❸ She is not elegant.   그녀는 ～이 아니다 우아한

STEP 4   문장의 어순 훈련하기

영어의 어순에 맞게 다음 빈칸을 채워 보세요.

	주어 (주인공)	be동사 (현재 상태 부정)	보어 (어떠한)
1	나는		
	나는	~이 아니다	
	나는	~이 아니다	외로운
2	너는		
	너는	~이 아니다	
	너는	~이 아니다	못생긴
3	우리는		
	우리는	~이 아니다	
	우리는	~이 아니다	슬픈
4	그들은		
	그들은	~이 아니다	
	그들은	~이 아니다	정중한
5	그는		
	그는	~이 아니다	
	그는	~이 아니다	키가 작은
6	그녀는		
	그녀는	~이 아니다	
	그녀는	~이 아니다	우아한

▶ 정답은 99페이지 참조

UNIT 18

Am I lonely?
나는 외롭니?

STEP 1   그림으로 이해하기

be동사 (현재 상태)	주어 (주인공)	보어 (어떠한)
Am	I	lonely
~이니	나는	외로운

 〈현재 상태 + 주인공 + 어떠한〉의 문장 표현

지금까지는 '주인공이 어떠하다', '주인공이 어떠했다', 혹은 '주인공이 어떠하지 않다'의 표현을 배워봤어요. 그런데 누구한테 물어보는 표현은 어떻게 나타낼까요? 이런 경우에는 주인공과 be동사의 위치를 서로 바꿔주면 돼요. 즉 '난 행복하다'가 아니라 '난 행복하니?'라고 물을 때는 주인공과 현재 상태를 나타내주는 말을 서로 바꿔주면 돼요. 우리말의 '~이니?'의 역할을 영어에서는 주인공과 현재 상태의 말을 나타내는 be동사들을 서로 바꿔 줌으로써 나타내는 거지요.

Quiz 1

아래의 우리말을 영어로 써 보세요.

* 나는 외롭니?

→ -------------------------------- ?

주인공이 현재 어떤 상태인지를 물어볼 때는 주인공과 현재 상태를 나타내는 위치를 서로 바꿔서 나타내면 돼요.

❶ be동사 am의 의문

Am ～이니	I 나는	lonely 외로운?
Am		

❷ be동사 are의 의문

Are ～이니	you 너는	sick 아픈?
Are ～이니	we 우리는	hungry 배고픈?
Are ～이니	they 그들은	lazy 게으른?

❸ be동사 is의 의문

Is ～이니	he 그는	foolish 바보같은?
Is ～이니	she 그녀는	busy 바쁜?

👆 한 가지만 더!

위의 문장을 과거형으로 나타내려면 Am과 Is는 Was, Are는 Were로 써주면 돼요.

ex) Was I lonely? (내가 외로웠니?) / Were they lazy? (그들은 게을렀니?)

Quiz 2

다음 중 맞는 문장에 ○, 틀린 문장에 × 하세요.

1 Are you foolish?　(　　)　　2 Is lazy he?　(　　)

3 They busy?　(　　)　　4 Is she a sick?　(　　)

🎧 1-36 음성을 들으며 차례대로 2번씩 따라 말해 보세요.

1 ❶ Am   이니
   ❷ Am I   이니 나는
   ❸ Am I lonely?   이니 나는 외로운

2 ❶ Are   이니
   ❷ Are you   이니 너는
   ❸ Are you sick?   이니 너는 아픈

3 ❶ Are   이니
   ❷ Are we   이니 우리는
   ❸ Are we hungry?   이니 우리는 배고픈

4 ❶ Are   이니
   ❷ Are they   이니 그들은
   ❸ Are they lazy?   이니 그들은 게으른

5 ❶ Is   이니
   ❷ Is he   이니 그는
   ❸ Is he foolish?   이니 그는 바보같은

6 ❶ Is   이니
   ❷ Is she   이니 그녀는
   ❸ Is she busy?   이니 그녀는 바쁜

STEP 4 　문장의 어순 훈련하기

영어의 어순에 맞게 다음 빈칸을 채워 보세요.

	be동사 (현재 상태)	주어 (주인공)	보어 (어떠한)
1	이니		
	이니	나는	
	이니	나는	외로운
2	이니		
	이니	너는	
	이니	너는	아픈
3	이니		
	이니	우리는	
	이니	우리는	배고픈
4	이니		
	이니	그들은	
	이니	그들은	게으른
5	이니		
	이니	그는	
	이니	그는	바보같은
6	이니		
	이니	그녀는	
	이니	그녀는	바쁜

▶ 정답은 103페이지 참조

I do not like chocolate.
나는 초콜릿을 좋아하지 않는다.

STEP 1   그림으로 이해하기

주어 (주인공)	부정어 (부정)	동사 (현재 상태)	목적어 (무엇)
I	do not	like	chocolate
나는	하지 않는다	좋아한다	초콜릿을

 〈주인공 + 부정 + 현재 상태 + 무엇〉의 문장 표현

'주인공이 무엇(누구)을 ~하지 않는다'라는 말은 동사 앞에 do not을 넣어서 주인공이 어떤 동작을 하지 않거나 어떤 상태가 아니라는 사실을 나타내요. 영어에서는 '주인공이 + ~하지 않는다 + ~한다 + 무엇'의 순서로 나타내야 해요.

Quiz 1

아래의 우리말을 영어로 써 보세요.

* 나는 초콜릿을 좋아하지 않는다.

→ ----------------------------------- .

❶ do not + 동사

'~이다'는 뜻의 be동사는 바로 뒤에 not을 붙여 부정의 뜻을 나타내지만 like, know와 같이 '~한다'의 뜻을 지닌 동사는 그 앞에 do not을 붙여서 부정의 뜻을 나타내요. do에 특별한 의미가 있는 것은 아니고, be동사를 제외한 동사를 부정할 때 쓰는 일종의 규칙이에요. 그리고 대개 don't라고 줄여서 사용해요.

I 나는	do not ~하지 않는다	like 좋아한다	chocolate 초콜릿을
I			
We 우리는	do not ~하지 않는다	know 안다	the rumor 그 소문을
They 그들은	do not ~하지 않는다	make 만든다	the bread 그 빵을

❷ does not + 동사

'나'와 '너'를 제외한 제 3자가 주인공일 경우 그 부정의 뜻은 do not이 아닌 does not으로 써요. 그리고 그 뒤에 동사는 항상 원래 형태로 써야 해요. 대개 간단히 줄여서 doesn't라고 해요.

He 그는	does not ~하지 않는다	eat 먹는다	the pizza 그 피자를
She 그녀는	does not ~하지 않는다	meet 만난다	the students 학생들을

👆 한 가지만 더!

위의 문장들을 과거형으로 나타내려면 주어에 상관없이 do not이든, does not이든 모두 did not으로 써주면 돼요. 그리고 간단히 줄여서 didn't라고 해요.

ex) I did not like chocolate. (나는 초콜릿을 좋아하지 않았다.)

Quiz 2

우리말을 참고하여 빈칸에 알맞은 말을 영어로 쓰세요.

1 I _____ know the rumor.   나는 그 소문을 알지 못한다.

2 We _____ make the bread.   우리는 그 빵을 만들지 않는다.

3 He _____ like the students.   그는 학생들을 좋아하지 않는다.

🎧 1-38 음성을 들으며 차례대로 2번씩 따라 말해 보세요.

1 ❶ I   나는

   ❷ I do not   나는 하지 않는다

   ❸ I do not like   나는 하지 않는다 좋아한다

   ❹ I do not like chocolate.   나는 하지 않는다 좋아한다 초콜릿을

2 ❶ We   우리는

   ❷ We do not   우리는 하지 않는다

   ❸ We do not know   우리는 하지 않는다 안다

   ❹ We do not know the rumor.   우리는 하지 않는다 안다 그 소문을

3 ❶ They   그들은

   ❷ They do not   그들은 하지 않는다

   ❸ They do not make   그들은 하지 않는다 만든다

   ❹ They do not make the bread. 그들은 하지 않는다 만든다 그 빵을

4 ❶ He   그 남자는

   ❷ He does not   그 남자는 하지 않는다

   ❸ He does not eat   그 남자는 하지 않는다 먹는다

   ❹ He does not eat the pizza.   그 남자는 하지 않는다 먹는다 그 피자를

do not은 don't,
does not은 doesn't로
간단히 나타낼 수 있어요.

STEP 4　문장의 어순 훈련하기

영어의 어순에 맞게 다음 빈칸을 채워 보세요.

	주어 (주인공)	부정어 (부정)	동사 (현재 상태)	목적어 (무엇)
1	나는			
	나는	하지 않는다		
	나는	하지 않는다	좋아한다	
	나는	하지 않는다	좋아한다	초콜릿을
2	우리는			
	우리는	하지 않는다		
	우리는	하지 않는다	안다	
	우리는	하지 않는다	안다	그 소문을
3	그들은			
	그들은	하지 않는다		
	그들은	하지 않는다	만든다	
	그들은	하지 않는다	만든다	그 빵을
4	그는			
	그는	하지 않는다		
	그는	하지 않는다	먹는다	
	그는	하지 않는다	먹는다	그 피자를

▶ 정답은 107페이지 참조

UNIT 20 Do you like chocolate?
너는 초콜릿을 좋아하니?

STEP 1   그림으로 이해하기

조동사 (물어보는 말)	주어 (주인공)	동사 (현재 상태)	목적어 (무엇)
Do	you	like	chocolate
하니?	너는	좋아한다	초콜릿을

 〈물어오는 말 + 주인공 + 현재 상태 + 무엇〉의 문장 표현

'주인공이 무엇(누구)을 ~하니?'라는 말은 주인공 앞에 Do를 넣어서 물어보는 말을 만들어요. 이때 Do는 문장 맨 앞에 오니까 첫 자를 대문자로 써주고 주인공의 첫 자는 소문자로 바꿔야 해요. 영어에서는 '~하니 + 주인공이 + ~한다 + 무엇(누구)을' 의 순서로 나타내야 해요. 그리고 맨 뒤에 물음표를 꼭 붙여야 해요.

Quiz 1

아래의 우리말을 영어로 써 보세요.

* 너는 초콜릿을 좋아하니?

→ -------------------------------- ?

① Do + 주인공 + ~? (주인공이 '나'와 '너', 그리고 복수일 때)

like, make와 같이 '~한다'는 뜻의 동사가 들어간 문장의 의문형을 나타내려면 문장의 맨 앞에 Do를 붙여요. 그리고 그 뒤에 주어와 동사가 차례로 나와요.

Do ～하니	you 너는	like 좋아하다	chocolate 초콜렛을?
Do ～하니	they 그들은	love 만들다	the animal 그 동물을?

② Does + 주인공 + ~? (주인공이 제 3자이고 단수일 때)

주인공이 '나'와 '너'를 제외한 제 3자일 경우 Do 대신 Does를 써요. 그리고 그 뒤에 붙는 동사는 –s를 붙이지 않아요.

Does ～하니	he 그는	meet 만나다	the girl 그 소녀를?
Does ～하니	she 그녀는	speak 말하다	the language 그 언어를?

👆 한 가지만 더!

위의 문장들을 과거형으로 나타내려면 주어에 상관없이 Do나 Does 모두 Did로 써주면 돼요.

ex) Did you like chocolate? (너는 초콜릿을 좋아했니?) /
    Did he meet the gird? (그는 그 소녀를 만났니?)

Quiz 2

우리말을 참고하여 빈칸에 알맞은 오늘 영어로 쓰세요.

1 _____ she like chocolate?   그녀는 초콜릿을 좋아하니?

2 _____ he love the animal?   그는 그 동물을 사랑하니?

3 _____ they meet the girl?   그들은 그 소녀를 만나니?

4 _____ you speak the language?   너는 그 언어를 말하니?

1-40　음성을 들으며 차례대로 2번씩 따라 말해 보세요.

1 ❶ Do　　　　　　　　　　　　　　　하니

　❷ Do you　　　　　　　　　　　　　하니 너는

　❸ Do you like　　　　　　　　　　 하니 너는 좋아한다

　❹ Do you like chocolate?　　　　　하니 너는 좋아한다 초콜릿을

2 ❶ Do　　　　　　　　　　　　　　　하니

　❷ Do they　　　　　　　　　　　　하니 그들은

　❸ Do they love　　　　　　　　　 하니 그들은 사랑한다

　❹ Do they love the animal?　　　 하니 그들은 사랑한다 그 동물을

3 ❶ Does　　　　　　　　　　　　　　하니

　❷ Does he　　　　　　　　　　　　하니 그는

　❸ Does he meet　　　　　　　　　 하니 그는 만난다

　❹ Does he meet the girl?　　　　　하니 그는 만난다 그 소녀를

4 ❶ Does　　　　　　　　　　　　　　하니

　❷ Does she　　　　　　　　　　　　하니 그녀는

　❸ Does she speak　　　　　　　　 하니 그녀는 말한다

　❹ Does she speak the language?　하니 그녀는 말한다 그 언어를

Do나 Does는 의문문을
만들 때 쓰는 조동사이며,
따로 해석을 할 필요는
없어요.

영어의 어순에 맞게 다음 빈칸을 채워 보세요.

조동사 (물어보는 말)	주어 (주인공)	동사 (현재 상태)	목적어 (무엇)
1 _____ 하니			
_____ 하니	_____ 너는		
_____ 하니	_____ 너는	_____ 좋아한다	
_____ 하니	_____ 너는	_____ 좋아한다	_____ 초콜릿을
2 _____ 하니			
_____ 하니	_____ 그들은		
_____ 하니	_____ 그들은	_____ 사랑한다	
_____ 하니	_____ 그들은	_____ 사랑한다	_____ 그 동물을
3 _____ 하니			
_____ 하니	_____ 그는		
_____ 하니	_____ 그는	_____ 만난다	
_____ 하니	_____ 그는	_____ 만난다	_____ 그 소녀를
4 _____ 하니			
_____ 하니	_____ 그녀는		
_____ 하니	_____ 그녀는	_____ 말한다	
_____ 하니	_____ 그녀는	_____ 말한다	_____ 그 언어를

▶ 정답은 111페이지 참조

Practice 5

1 다음 그림이 나타내는 문장을 써 보세요.

1

_____ _____ _____

2

_____ _____ _____ _____

3

_____ _____ _____

4

_____ _____ _____ _____

2 다음 단어와 뜻이 서로 맞는 것끼리 연결하세요.

1 lonely ○   ○ 소문
2 ugly ○   ○ 외로운
3 polite ○   ○ 언어
4 language ○   ○ 못생긴
5 rumor ○   ○ 정중한
6 sad ○   ○ 슬픈

3 오른쪽 문장을 읽고 해당되는 단어로 빈칸을 채워 보세요.

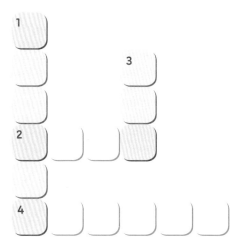

Across

2 그는 그 소녀를 만나니?
  Does he _____ the girl?
4 나는 외롭니?
  Am I _____?

Down

1 그들은 그 동물을 사랑
  하니?
  Do they love the
  _____?
3 그는 그 피자를 먹지
  않는다.
  He does not _____
  the pizza.

④ 다음 카드들의 번호를 어순에 맞게 써 보세요.

1　① is　② not　③ short　④ He

( )　➔　( )　➔　( )　➔　( )

2　① We　② not　③ are　④ sad

( )　➔　( )　➔　( )　➔　( )

3　① are　② not　③ They　④ polite

( )　➔　( )　➔　( )　➔　( )

4　① elegant　② not　③ She　④ is

( )　➔　( )　➔　( )　➔　( )

⑤ 다음 우리말을 영어로 바꿔 쓰세요.

1 우리는 배고프니?　→　_____?

2 그들은 게으르니?　→　_____?

3 그는 키가 작니?　→　_____?

4 그들은 그 빵을 만들지 않는다.　→　_____.

5 나는 외롭지 않다.　→　_____.

6 우리는 그 소문을 알지 못한다.　→　_____.

⑥ 다음 밑줄 친 부분에서 잘못된 곳을 찾아 바르게 고쳐 쓰세요. (단, Chapter 5에서 제시된 문장을 사용해 주세요.)

1 You <u>not are</u> ugly.　→　_____.

2 I <u>does not</u> like chocolale　→　_____.

3 I <u>not</u> lonely.　→　_____.

4 Are <u>she</u> sick?　→　_____?

5 <u>Are</u> she busy?　→　_____?

6 <u>Do</u> she <u>speaks</u> the language?　→　_____?

Chapter 1

Unit 01

QUIZ 1

I run

QUIZ 2

1 I − ○ / run − △
2 You − ○ / walk − △
3 We − ○ / run − △
4 They − ○ / walk − △

Unit 02

QUIZ 1

He runs

QUIZ 2

1 runs
2 walks
3 crawls

Unit 03

Quiz 1

I walked

QUIZ 2

1 walked
2 jumped
3 crawled
4 ran
5 went
6 came

Unit 04

Quiz 1

I will walk

QUIZ 2

1 ✕   2 ○   3 ✕   4 ○

Practice 1

❶ 1 He runs.   2 I will walk.
   3 I walk.   4 I run.

❷ 1 I − 나   2 You − 너   3 He − 그
   4 She − 그녀 5 We − 우리 6 They − 그들

❸ Across   2 came   3 walk
   Down   1 We   2 crawls

❹ 1 ①−③−②   2 ②−①−③
   3 ③−①−②   4 ③−②−①

❺ 1 She walks
   2 I can run
   3 He crawls
   4 You walked
   5 We will crawl
   6 They crawl

❻ 1 You walk
   2 He ran
   3 We will walk
   4 She went
   5 I run
   6 I will walk

Chapter 2

Unit 05

QUIZ 1

A man walks

QUIZ 2

1 ○ 2 ○ 3 × 4 ×

Unit 06

QUIZ 1

The man runs

QUIZ 2

1 (1) 그 남자   (2) 그 의사

2 (3), (4)

Unit 07

Quiz 1

The tall man walks

QUIZ 2

1 tall

2 handsome

3 small

4 cute

Unit 08

Quiz 1

The tall boy runs fast

QUIZ 2

1 (1) fast   (2) hard

2 (1) slowly   (2) carefully

Practice 2

❶ 1 The man runs.

2 A man walks.

3 The tall boy runs fast.

4 The tall man walks.

❷ 1 tall – 키 큰

2 small – 작은

3 cute – 귀여운

4 hard – 열심히

5 slowly – 느리게

6 careful – 조심스러운

❸ Across   2 doctor   4 went

Down   1 boy   3 cute

❹ 1 ①–③–②   2 ①–②–③

3 ②–①–③–④   4 ①–④–②–③

❺ 1 The teacher will come

2 A man walks

3 The handsome student swim hard

4 A teacher will run

5 The small girl jumps slowly

6 A cute baby crawls carefully

❻ 1 An ant will crawl

2 The handsome student runs

3 The angel jumped

4 A handsome student swims hard

5 The tall man walks

6 The tall boy runs fast

Chapter 3

Unit 09

QUIZ 1

I am a student

QUIZ 2

1 am   2 are

3 are   4 is

Unit 10

QUIZ 1

I was a pianist

QUIZ 2

1 were

2 was

3 were

Unit 11

Quiz 1

I am happy

QUIZ 2

1 ○ 2 ✕ 3 ○ 4 ✕

Unit 12

Quiz 1

I was rich

QUIZ 2

1 ○ 2 ✕ 3 ✕ 4 ○

Practice 3

1
1 I was a pianist.
2 I was rich.
3 I am a student.
4 I am happy.

2
1 pilot – (비행기) 조종사
2 singer – 가수
3 nurse – 간호사
4 teacher – 선생님
5 actor – 배우
6 doctor – 의사

3 Across   1 rich   3 angry
Down   2 happy   4 poor

4 1 ②-①-③   2 ②-③-①
3 ②-④-①-③   4 ③-②-①-④

5
1 They were farmers
2 You were an actor
3 She is beautiful
4 She was pretty
5 They were miserable
6 You were wise

6
1 You were wise
2 We were pleasant
3 They are doctors
4 We were policemen
5 He was a lawyer
6 She was a cook

Chapter 4

Unit 13

QUIZ 1

I like chocolate

QUIZ 2

1 the name 2 a dog
3 them 4 it

Unit 14

QUIZ 1

I like chocolate very much

QUIZ 2

1 very much
2 too much

Unit 15

Quiz 1

I always like chocolate

QUIZ 2

1 always 2 often
3 sometimes 4 never

Unit 16

Quiz 1

I like sweet chocolate

QUIZ 2

1 달콤한 초콜릿 2 맛있는 음식
3 젊은 작가 4 아름다운 노래

Practice 4

❶ 1 I like sweet chocolate.
2 I like chocolate.
3 I always like chocolate.
4 I like chocolate very much.

❷ 1 love – 사랑하다
2 meet – 만나다
3 make – 만들다
4 play – (운동을) 하다
5 know – 알다
6 like – 좋아하다

❸ Across 1 soccer 2 them
Down 1 sweet 2 much 3 very

❹ 1 ②–①–③–④ 2 ①–②–④–③
3 ①–②–④–③ 4 ④–①–②–③

❺ 1 He meets them
2 We often play badminton
3 You help the young writer
4 She sings the beautiful song
5 They sometimes eat hamburgers
6 I like chocolate

❻ 1 They love a dog
2 She makes it
3 They love the bird very much
4 They eat the delicious food
5 I always like chocolate
6 He never remembers them

Chapter 5

Unit 17

QUIZ 1

I am not lonely

QUIZ 2

1 × 2 ○ 3 × 4 ×

Unit 18

QUIZ 1

Am I lonely

QUIZ 2

1 ○ 2 × 3 × 4 ×

Unit 19

Quiz 1

I do not(don't) like chocolate

QUIZ 2

1 do not(don't)

2 do not(don't)

3 does not(doesn't)

Unit 20

Quiz 1

Do you like chocolate

QUIZ 2

1 Does 2 Does

3 Do 4 Do

Practice 5

❶ 1 I am not lonely.

2 Do you like chocolate?

3 Am I lonely?

4 I do not like chocolate.

❷ 1 lonely – 외로운

2 ugly – 못생긴

3 polite – 정중한

4 language – 언어

5 rumor – 소문

6 sad – 슬픈

❸ Across 2 meet 4 lonely

Down 1 animal 3 eat

❹ 1 ④–①–②–③ 2 ①–③–②–④

3 ③–①–②–④ 4 ③–④–②–①

❺ 1 Are we hungry

2 Are they lazy

3 Is he short

4 They do not(don't) make the bread

5 I am not lonely

6 We do not(don't) know the rumor

❻ 1 You are not(aren't) ugly

2 I do not(don't) like chocolate

3 I am not lonely

4 Are you sick

5 Is she busy

6 Does she speak the language